Knaus
K

LUCIANO DE CRESCENZO

Kleine Geschichte der mittelalterlichen Philosophie

Deutsch von Bruno Genzler

Albrecht Knaus

Titel der Originalausgabe: Storia della filosofia medioevale
Originalverlag: Arnoldo Mondadori Editore, Milano

Umwelthinweis:
Dieses Buch und sein Schutzumschlag wurden auf chlorfrei gebleichtem Papier gedruckt.
Die vor Verschmutzung schützende Einschrumpffolie ist aus umweltschonender und recyclingfähiger PE-Folie.

1. Auflage

Umschlaggestaltung: Design Team München
Satz: Filmsatz Schröter, München
Gesetzt aus: 10.2/14.75 pt. Stempel Garamond
Druck und Bindung: GGP Media, Pößneck
Printed in Germany
ISBN 3-8135-0214-7
www.knaus-verlag.de

Inhalt

Vorwort

Lieber Leser,
da Sie das Buch ja bereits gekauft haben, kann ich Ihnen auch gleich die Wahrheit sagen: Bei dem, was Sie nun lesen werden, handelt es sich um keine Philosophiegeschichte im engeren Sinn, sondern mehr um einen kurzen Ausflug in die Zeit des Mittelalters. Denn obwohl der Titel ganz eindeutig auf ein bestimmtes Thema hinweist, geht der Text doch immer wieder gern seine eigenen Wege. So werden Sie zum Beispiel auf ein Kapitel stoßen, das von den Barbaren handelt, ein anderes befasst sich mit den Endzeitängsten vor dem Jahr 1000, wieder andere mit Franz von Assisi und sogar mit den Hexen, die ja gemeinhin mit Philosophie gar nichts am Hut haben. Kurzum, es ging mir weniger darum, eine weitere Geschichte der mittelalterlichen Philosophie zu verfassen, als vielmehr einen Überblick über einige bezeichnende Aspekte jener Epoche im Allgemeinen zu geben.

Auf dem Gymnasium hatte ich das Glück, von zwei Philosophielehrern unterrichtet zu werden, die sich in puncto Qualität in nichts nachstanden: Professor Cassetti und Professor Valenza. Wie würden sie mich wohl benoten, wenn sie dieses Buch noch lesen könnten? Was hingegen heutige Lehrer betrifft, mache ich mir nichts vor. So manch einer von ihnen wird in meinen Darlegungen «nicht hinnehmbare Vereinfachungen» entdecken. Dabei habe ich diesen Stil ganz bewusst gewählt, um gerade jüngeren Lesern entgegenzukommen. Schon der große arabische Philosoph Averroes sagte, dass jedes philosophische Werk eigentlich dreimal geschrieben werden müsste. Einmal für die Kollegen, einmal für die eigenen Schüler und einmal für das einfache Volk. Aus irgendeinem Grund jedoch verfassen Akademiker immer nur eine Ausgabe, und zwar die für die Kollegen aus der eigenen Zunft. Ich selbst unterhalte mich auch in meinem täglichen Leben auf mindestens drei verschiedenen Sprachebenen. Auf der ersten mit meiner Tochter Paola, der zweiten mit meinem philippinischen Dienstmädchen und der dritten mit meinem kleinen, erst siebenjährigen Enkel Michelangelo.

Einmal wurde ich von einem «hinterhältigen» Journalisten, Arnoldo Bagnasco nämlich, in eine Diskussionsrunde im Fernsehen eingeladen, wobei ich «hinterhältig» natürlich bewusst in Anführungszeichen setze. Auf dem Weg ins Studio fragte ich ihn nach dem eigentlichen Thema der Sendung, aber er wollte es mir nicht verraten. «Du wirst sehen», sagte er nur, «das wird eine tolle Überraschung», und naiv, wie ich bin, folgte ich ihm. Kurz darauf fand ich mich vor einem wahren Exekutionskommando wieder. Einige der bedeutendsten italienischen Philosophen waren geladen: Emanuele Severino, Gianni Vattimo, Carlo Augusto Viano, Girolamo Cotroneo, Sebastiano Maffettone und Lucio Colletti. Und als wenn das noch nicht gereicht hätte, waren auch noch Antonio Cosentino und Indro Montanelli aus einem anderen Studio hinzugeschaltet.

Bagnasco führte mich mit folgenden Worten ein: «Vor Ihnen sitzt ein Autor, der eine viel gelesene Geschichte der griechischen Philosophie verfasst hat und der sich selbst für einen Philosophen und einen Experten auf dem Gebiet der Philosophiegeschichte hält. Was meinen Sie dazu?»

Provozierender hätte er mich nicht vorstellen können, aber andererseits zeichnet sich ein guter Moderator ja auch dadurch aus, dass er eine Debatte anzuheizen versteht.

Als Erster äußerte sich der große Journalist Indro Montanelli.

«Offen gesagt», begann er, «habe ich De Crescenzos Geschichte der griechischen Philosophie nie gelesen. Aber wenn es ihm gelungen ist, so viele Menschen in so vielen Ländern dazu zu bewegen, das Buch zu kaufen, kann ich nur sagen: alle Achtung! Allerdings sollte er darauf gefasst sein, dass ihn in dieser Runde unbarmherzige Kritiker erwarten. Ich selbst kann ein Lied davon singen, habe ich doch eine *Geschichte Italiens* geschrieben, die, wie es heißt, vergnüglich zu lesen ist. Und so etwas wird unter Experten immer skeptisch gesehen.»

Seltsamerweise schoss sich jedoch keiner der anwesenden Philosophen auf mich ein. Ganz im Gegenteil zeigten alle eine gewisse Sympathie. Sie stritten sich höchstens ein wenig untereinander, aber mir gegenüber wurden keine kritischen Stimmen laut, vor allem nachdem ich erklärt hatte, dass ich mich nicht als Experten für Philosophiegeschichte und noch viel weniger als Philosophen sehe. Wortwörtlich sagte ich: «Ich bin vielleicht vergleichbar mit einem dieser dreistufigen Leiterchen, die in Bibliotheken dazu dienen, auch an die Bücher in den oberen Regalen heranzukommen.»

Ich hätte noch hinzufügen mögen, dass beim Lernen die Lust, etwas Neues zu erfahren, entscheidend ist. Je leidenschaftlicher sich ein Schüler mit einem Thema beschäftigt, desto leichter fällt es ihm auch, es zu verstehen und aufzunehmen. Dies war und ist immer noch mein Ziel, einem jungen Menschen von vielleicht sechzehn Jahren Lust zu machen, die Philosophie kennen zu lernen. Manchmal wird es mir gelingen, manchmal auch nicht, wichtig ist nur, es immer wieder zu versuchen. Hilfreich ist dabei sicher auch meine Art zu erzählen, die von manchen (nicht ganz korrekt) als «humoristisch» bezeichnet wird. Es ist ja nicht meine Schuld, wenn mir hin und wieder ein witzige Bemerkung herausrutscht. In diesem Zusammenhang möchte ich nun einmal klarstellen, dass mich nicht etwa ein Lektor des Mondadori Verlags als Erster darauf gebracht hat, ein Philosophiebuch zu schreiben, sondern ein Liebhaber von Anagrammen. Er nahm den Titel *Storia della filosofia greca* («Geschichte der griechischen Philosophie») und stellte die Buchstaben so um, dass *Ridi e fai folla grossa e colta* («Lache und du scharst eine große und gelehrte Menge um dich») herauskam.

Romane unterscheiden sich von Sachbüchern gemeinhin dadurch, dass sie eine durchgängige Handlung aufweisen. Aber auch meine Philosophie des Mittelalters hat eine Handlung, die bei all den verschiedenen Themen immer wieder aufscheint, und zwar den tausendjährigen Krieg zwischen Glaube und Vernunft, mit zahllosen Siegen des Glaubens und praktisch keinem der Vernunft. Beim Lesen dieses Buches wird man es feststellen. Was die einzelnen Themen angeht, so sind einige wirklich keine leichte Kost, und ich selbst habe auf manche eine schier unglaubliche Mühe verwenden müssen. Zuweilen musste ich sogar den Philosophielehrer um Rat bitten, der bei mir im Haus wohnt, um mir den einen oder anderen Zusammenhang noch genauer erläutern zu lassen. Die Ontologie ist so ein Beispiel, aber auch der so genannte Universalienstreit. Übrigens ist es ganz unverständlich, warum manche Themen von den Philosophen des Mittelalters dermaßen ausführlich debattiert wurden. Besonders auffällig, wie sie sich abrackern, um den Beweis zu erbringen, dass Gott wirklich existiert. Wirklich rätselhaft, denn wenn es etwas auf der Welt gibt, das es nicht nötig hat, bewiesen zu werden, dann ist es die Existenz Gottes. Keinem Menschen bringt es doch etwas, Atheist zu sein, denn früher oder später müssen wir eben alle der

Wahrheit ins Auge schauen. Und auch bei den Agnostikern, die sich also weder zu einem Gott noch zum Atheismus bekennen, sieht es ähnlich aus. Denn auch bei ihnen wird sich, wenn sie direkt am Abgrund stehen, ein Fünkchen Hoffnung regen. Daher kann man auch, um es mit Pascal zu sagen, genauso gut darauf wetten, dass es einen Gott gibt.

Eines Tages erklärte Aristoteles: «So, nun haben wir alles erfunden, was zu erfinden war.» Und das sagte er wohlgemerkt im 4. Jahrhundert v. Chr. Wenn er jetzt vor mir säße, hier neben meinem Computer, müsste ich ihm sagen: «Na, mein lieber Aristoteles, da hast du ja einen ganz schönen Schmarrn dahergeredet, was? Und was ist mit dem Fernsehen und dem Telefon, mit Autos, Flugzeugen und Computern, wer hat die erfunden? Wir, wenn du erlaubst, in aller Bescheidenheit, wir Menschen des 20. Jahrhunderts!»

Doch er würde ganz ruhig bleiben und mir antworten: «Na, wenn schon. Was habt ihr denn schon groß erfunden? Nur Fortsätze. Denn das Fernsehen ist nichts anderes als ein Fortsatz des Gesichtssinns, das Telefon des Hörsinns und das Auto der Beine. Doch der Mensch mit seinen großen Geheimnissen des Lebens und des Todes, der war so und ist auch so geblieben! Und über ihn haben wir Griechen bereits alles gesagt, was zu sagen war, und zwar vor gut und gerne vierundzwanzig Jahrhunderten.»

Schließen möchte ich meine Vorbemerkungen mit einem Hinweis für alle Leser, die in Bezug auf Philosophie bislang eher Diät gehalten haben. Sollten Sie auf ein Kapitel stoßen, das Ihnen wirklich unverdaulich erscheint, so haben Sie keine Hemmungen, es getrost zu überspringen. Vielleicht wenden Sie sich ihm ja später, wenn Sie das Buch ausgelesen haben, noch einmal zu. Worauf es ankommt, ist, einen tieferen Einblick davon zu gewinnen, was das Mittelalter eigentlich war: kein finsteres Zeitalter, das uns nichts zu sagen hätte, sondern ein faszinierendes Stück Geschichte, das man um jeden Preis kennen lernen sollte.

Luciano De Crescenzo

I

Zweifel und Glaube

Wenn man von den «finsteren Jahrhunderten» des Mittelalters spricht, kommen mir unweigerlich zwei Fragen in den Sinn: Wann haben sie begonnen, und wer hat eigentlich damals das Licht ausgeschaltet? Was den Beginn des Mittelalters betrifft, würde ich ihn auf 312 n. Chr. datieren, auf jenes Jahr also, als Kaiser Konstantin vor der Schlacht gegen Maxentius eine Stimme vernahm, die ihm dazu riet, die Schilde seiner Legionäre mit dem christlichen Kreuz zu versehen. Manche behaupten, diese Stimme habe ihn aus den himmlischen Höhen erreicht, andere glauben, es sei seine Mutter gewesen, die, hinter einem Vorhang versteckt, für die religiösen Inputs sorgte. Hinsichtlich des Lichts hingegen, habe ich keine Zweifel: Es war einzig und allein die Kirche, die es löschte. Doch bevor ich mir alle Gläubigen, einschließlich meiner Familie, zu Feinden mache, möchte ich erst einmal genauer erklären, was ich unter Philosophie verstehe.

Die Philosophie ist eine Art zu denken, wenn nicht gar zu leben, die zwischen der Naturwissenschaft und der Religion angesiedelt ist. Auf Erden gibt es Dinge, die man weiß, und Dinge, die man nicht weiß, dafür aber glaubt. Erstere zählen zum Bereich der Naturwissenschaft (wie zum Beispiel die Tatsache, dass Wasser bei hundert Grad kocht), Letztere zur Religion (wie etwa das Jenseits mit all seinen Unterteilungen, die uns Dante beschrieben hat). Schließlich gibt es aber noch jene Dinge, die man nicht weiß, aber auch nicht glaubt (wie etwa das «Sein», über das seit Parmenides' Zeiten die Gelehrten unablässig debattieren und streiten) – und diese Dinge sind es, die die Philosophie ausmachen.

Schauen wir uns zunächst einmal die Lage vor der Ausbreitung des Christentums an. Die Wissenschaft funktionierte noch unabhängig von theologischen Schulen, und die Religion saß noch nicht so fest im Sattel, dass sie den Laien Angst gemacht hätte. Ein jeder konnte sich den Gott aussuchen, der ihm am meisten zusagte, und niemand zwang einem mit Gewalt einen anderen auf. Symbol dieses weiten Spektrums verschiedenster Glaubensbekenntnisse war das Pantheon, ein Bauwerk, das Kaiser Hadrian um 120 n. Chr. anstelle eines von Marcus Agrippa hundertfünfzig Jahre zuvor gestifteten Tempels errichten ließ. Das Pantheon stand allen Menschen offen, und jeder konnte dort beten, so oft und so lange er Lust hatte. So lautete Hadrians Botschaft an die «Nicht-EU-Bürger» jener Zeit: «Ihr glaubt an euren eigenen Gott und wollt ihn verehren? *No problem.*[1] Sucht euch ein Eckchen im Pantheon und betet zu ihm, wie und so lange es euch gefällt. Nur um eins bitte ich euch: Seht zu, dass ihr die anderen nicht stört.» Für diese Einstellung sprach auch schon der Name des Bauwerks, Pantheon vom griechischen *Pantheion,* was so viel wie «Gesamtheit der Götter» bedeutet. Tja, toleranter hätte Hadrian nun wirklich nicht mehr sein können. Und in diesem Zusammenhang hören wir mal, was Voltaire, der Meister dieser Tugend, im achten Kapitel seiner *Abhandlung über die Religionsduldung* sagt:

Unter den Menschen des antiken Rom, von Romulus an bis zum Aufkommen des Christentums, wird man keinen Ein-

[1] Genau genommen sagte Hadrian nicht *no problem*, sondern *nihil morae*.

zigen finden, der seiner religiösen Anschauungen wegen verfolgt wurde. Cicero zweifelte unablässig, Lukretius verneinte alles, und weder der eine noch der andere wurden mit dem geringsten Tadel bedacht. Die Freiheit ging so weit, dass Plinius zu Beginn seiner Naturgeschichte *die Existenz Gottes abstreiten und behaupten konnte, wenn es einen Gott gebe, dann handle es sich dabei um die Sonne. Und Cicero schrieb hinsichtlich der Hölle: «Es findet sich kein altes Weiblein mehr, das so töricht wäre, daran zu glauben.» Und Seneca behauptet in seinen* Troades: *«Post mortem nihil est» – «Nach dem Tod ist nur das Nichts.»*

Dann jedoch begann der Siegeszug der großen monotheistischen Religionen, also des Christentums und des Islam (zuvor auch schon des Judentums), und die Toleranz und mit ihr die Philosophie mussten die Segel streichen.

Drei Grundsätze sind zu beachten, wenn man beschließt, wie ein Philosoph zu leben, und die wären: *aporeín*, *epoché* und *apátheia*, also der «Zweifel», die «Aussetzung des Urteils» und die «Loslösung von den Leidenschaften». Bei mir selbst sieht das zum Beispiel folgendermaßen aus: Bittet mich jemand um meine Meinung, antworte ich zunächst einmal gar nicht, dann mache ich den ersten Anlauf und murmle etwas von «vielleicht ... könnte sein ...», und zum Schluss sage ich genau das, was ich wirklich denke, wobei ich mich bemühe, allein durch meinen Verstand zu dem Urteil zu finden. Dieses Zweifeln war es nun, das die Männer des Glaubens mehr als alles andere störte. Denn es ist weniger der Atheist, der dem Klerus Sorgen bereitet, als vielmehr ein Mensch, der sich unablässig Fragen stellt.

Auch eine Folge der Ausbreitung des neuen Glaubens war das Verschwinden phallischer Amulette. In römischer Zeit war nämlich das «Schwänzchen», ein Tongegenstand in Form eines Phallus, der verbreitetste Glücksbringer. Noch heute sind in Pompeji und Herculaneum rechts oben an den Hauseingängen kleine Phalli als Zeichen der Fruchtbarkeit zu sehen. Als sich dann das Christentum durchsetzte, wurden diese phallischen Glücksbringer verboten, und um zu überleben, mussten die armen Amulettverkäufer ihre Phalli immer weiter abstrahieren, bis aus ihnen das neue Symbol der Hörner geworden war.

Mit der Etablierung des Christentums im Rom des 4. Jahrhunderts kam es von Anfang an zur frontalen Auseinandersetzung zwischen Glauben und Zweifel und als direkter Folge zur Diktatur der neuen Religion. Doch bevor wir nun alles über einen Kamm scheren, sollten wir doch anerkennen, dass das Christentum zu jener Zeit zumindest drei Heilige mit Mumm in den Knochen, Verzeihung, ich meine von außerordentlicher Intelligenz, hervorgebracht hat. Den heiligen Augustinus, den heiligen Ambrosius und den heiligen Hieronymus. Doch obwohl das christliche Mittelalter mit diesem respektablen Trio seinen Ausgang nahm, errichtete es sein Gebäude mehr noch auf dem Fundament eines heidnischen Philosophen, nämlich Plotins.

Wer war Plotin? In erster Linie ein fanatischer Anhänger Platons. Und zwar dermaßen fanatisch, dass er Kaiser Gallienus die Gründung einer Stadt mit dem Namen Platonopolis in der Nähe von Caserta vorschlug, deren Bewohner allesamt nach den platonischen oder besser neuplatonischen Ideen leben sollten.

Fünfzig Jahre lang verzichtete Plotin darauf, auch nur eine Zeile zu Papier zu bringen. Dann eines Tages, fast urplötzlich, kam es über ihn, und er arbeitete das gesamte Material aus, das sein Schüler Porphyrios dann in sechs Bänden zu je neun Gruppen, den so genannten *Enneaden* (von griechisch *ennéa*, neun) ordnete, in denen der Reihenfolge nach die Themen Ethik, Physik, Zeit, Seele, Intellekt und Sein abgehandelt werden. Tatsächlich beziehen sich die ersten Denker des Mittelalters alle in irgendeiner Weise auf Plotin und den Neuplatonismus. Plotin war so etwas wie das Bindeglied zwischen der antiken und der mittelalterlichen Philosophie, wobei er seinen Werken noch ein Brise von Mystizismus und der Gedankenwelt orientalischer Religionen hinzufügte. Der heilige Augustinus schreibt über ihn: «Man ändere lediglich einige Worte in seinen Schriften, und wir haben den vollkommenen Christen vor uns.»[2]

Kommen wir nun zu Jesus. Aus der Perspektive der Hauptstadt des römischen Weltreichs hatte alles, was mit ihm geschah, zunächst keinerlei Bedeutung. Hätte es damals schon Zeitungen gegeben, wäre seine Kreuzigung, wenn überhaupt, nur unter «Vermischtes» auf der letzten Seite gelandet. Propheten, die ergriffen und gekreuzigt wurden, gab es mehr als genug, und Kaiser Tiberius, der damals herrschte, kannte sicher noch nicht mal ihre Namen. Für ihn war Jesus' Martyrium nicht mehr als ein kleiner Zwischenfall an der östlichen Peripherie seines Reichs. Und religiöse Sekten gab es in so großer Zahl, dass ihm eine mehr oder weniger gewiss keine schlaflosen Nächte bereitete. Das Christentum aber konnte sich in ungeheurem Maße ausbreiten und wurde endgültig anerkannt, als sich Kaiser Konstantin auf dem Sterbelager taufen ließ. Die Historiker wissen zu berichten, der Kaiser habe noch, kurz bevor er starb, zu dem Priester, der die Taufe vornahm, gesagt: «Hoffentlich irre ich mich nicht.» Aber trotz dieser

[2] Wer mehr über Plotin erfahren will, dem empfehle ich meine *Geschichte der griechischen Philosophie. Von Sokrates bis Plotin.* (Zürich 1988).

Zweifel wäre es nicht richtig von einem «philosophischen Glauben» zu sprechen, zumal dieser Ausdruck bereits einen Widerspruch in sich darstellt.

Alle Religionen entstehen aus einem natürlichen Bedürfnis des Menschen, nämlich jenem, nach dem Tod nicht für immer von der Bildfläche zu verschwinden. Also ließ man sich die unsterbliche Seele und das Jenseits einfallen. Ob der Schöpfer nun Gott, Allah oder Jahve heißt, ist nicht von Belang. «Lebe gemäß den Grundsätzen deiner Religion, und eines Tages wirst du belohnt werden», sagen die Priester zum Gläubigen und erinnern ihn sogleich daran, dass das wahre Leben nicht jenes ist, das er im Moment lebt, sondern das kommende, das er einmal nach seinem Tod leben wird. In dieser Überzeugung kann der Gläubige alles hinnehmen, auch ein Martyrium. Manche, die es übertreiben, werden zu Selbstmordattentätern und rasen gegen das World Trade Center, andere benutzen das religiöse Grundbedürfnis der Menschen, um an die Macht zu gelangen. Auf die eine wie auf die andere Weise wird so aus dem religiösen ein politisches Phänomen. Es ist ganz unnötig zu erklären, das Abendland sei entwickelter als die islamischen Länder, wie es kürzlich erst unser Ministerpräsident getan hat. Er hätte sich mit der Feststellung begnügen können, dass Mohammedaner in der Regel religiöser sind als Christen, und niemand wäre beleidigt gewesen.

In der Auseinandersetzung zwischen Zweifel und Glauben bin ich ein Fan des Zweifels. Als junger Erwachsener schon ersetzte ich das Verb «glauben» durch das Verb «hoffen» und das Verb «nicht glauben» durch das Verb «fürchten». Mit anderen Worten, ich hoffe, dass es «danach» noch etwas gibt. Und das hoffe ich weniger für mich, als vielmehr für meine Mutter. Schließlich hat die gute Frau ihr ganzes Leben lang gebetet, hat jeden Morgen die Messe besucht und in dreiundachtzig Jahren nicht die kleinste Sünde begangen. Es gab nur einen Mann in ihrem Leben, meinen Vater, und ein Schimpfwort hat man nie von ihr gehört. Wenn Papa einen Fluch andeutete, fiel sie ihm, sobald ihm nur ein «verdammt …» über die Lippen kam, sofort ins Wort und rückte die Sache mit einem «gepriesen sei er in alle Ewigkeit» wieder gerade. Daher hoffe ich nun, dass sie, oben im Himmel angekommen, das Paradies so vorgefunden hat, wie sie es sich immer gewünscht hatte, mit Petrus vor dem großen Tor, der sie mit den Schlüsseln in Händen empfängt, und der ganzen Schar ihrer Lieblingsheiligen, die sie freudestrahlend umringen. Aber man stelle sich nur ihre Enttäuschung vor, sollte sie statt des lieben Gottes einen rothäutigen Manitu mit einer Feder im Haar angetroffen haben!

II

Der heilige Augustinus

So als wolle ich mich bezüglich meiner Überzeugung, dass Glaube und Vernunft unmöglich zusammen existieren können, direkt einmal selbst widerlegen, möchte ich mich als Erstes mit dem heiligen Augustinus beschäftigen, dem bedeutendsten der christlichen Kirchenväter. Um es gleich vorwegzunehmen, rationaler und gleichzeitig religiöser war vor oder nach ihm niemand mehr. Nun weiß ich nicht, ob eine *confessio* (Beichte oder Bekenntnis), so der Titel eines seiner Hauptwerke, ausreicht, um von allen Sünden losgesprochen zu werden. Falls es sich so jedoch verhalten sollte, sieht er, mein lieber Augustin, mir jetzt von den himmlischen Höhen aus zu.

Turbulenter kann man sich sein Leben gar nicht vorstellen. Geboren wurde er im Jahr 354 n. Chr. in der algerischen Stadt Agaste (er war also Afrikaner); später verschlug es ihn nach Madaura und von dort nach Karthago, wo er seine Studien abschloss. Sein Vater, Patrizius, war ein Bauer heidnischen Glaubens, seine Mutter Monika eine überaus fromme Christin. Hin und her gerissen zwischen zwei Religionen, wandte er sich der Lehre der Manichäer zu und entwickelte sich zum glühenden Anhänger dieser dualistischen Sekte. Neun Jahre blieb er ihr treu und war, wie er selbst schreibt, «Verführter und Verführer, Betrogener und Betrüger»[1], bis er schließlich den manichäischen Bischof Faustus persönlich kennen lernte und sich bald

[1] Vgl. Aurelius Augustinus, *Bekenntnisse*, Buch 4, Kapitel 1

schon angewidert nicht nur von ihm, sondern von der ganzen Lehre abwandte.

Im Alter von achtzehn Jahren las er Ciceros leider verloren gegangenen Dialog *Hortensius*, und von diesem Moment an ergriff ihn ein unermessliches Interesse für die Literatur der klassischen Antike. «Es war jenes Buch», schreibt er, «das meine Sinne veränderte.»[2] Danach machte er sich daran, so viele lateinische und griechische Texte zu verschlingen, wie sich überhaupt finden ließen. Aber damit nicht genug: Er entwickelte auch eine Leidenschaft für die Erforschung der Sterne, ohne jedoch der Astrologie zu verfallen. In seinen *Bekenntnissen* erklärt er dazu: «Ich habe diesen Betrügern nie geglaubt, die sich als Astrologen ausgeben und behaupten: Das hat Venus bewirkt oder Saturn oder auch Mars»[3], und fügt später hinzu: «Würde das Geburtsdatum wirklich über das Leben der Menschen entscheiden, müssten Zwillinge dieselben Schicksale haben.»

Mit sechzehn verliebte er sich in eine Frau, die einige Jahre älter war als er, und zeugte ein Kind mit ihr. Zwölf Jahre sollte er dann *more uxorio* mit ihr und ihrem gemeinsamen Sohn Adeodat zusammenleben. Noch in ganz jungen Jahren wurde er Lehrer der Grammatik und Rhetorik in Karthago. Dann zog es ihn, wie so viele andere damals auch, nach Rom, später dann weiter nach Mailand, wo er einen zweiten Lehrstuhl für Rhetorik erhielt. Zwei Dinge quälten ihn die ganze Reise nach Europa über. Zum einen die Seekrankheit, zum anderen Selbstvorwürfe, weil er seine Mutter unter einem banalen Vorwand verlassen hatte.

«Ich gehe mal einen Augenblick zum Hafen runter», hatte

[2] Vgl. ebda., Buch 3, Kapitel 4

[3] Vgl. ebda., Buch 4, Kapitel 3

er zu ihr gesagt, «ich möchte mich noch von einem Freund verabschieden, der nach Rom aufbricht, und bin gleich zurück. Wir treffen uns später bei der Gedenkstätte des heiligen Cyprian.»[4]

Augustinus war ein begnadeter Redner. Er ging ans Pult und begann einfach mit seinem Vortrag. So etwas wie Notizen oder Stichpunkte hatte er nicht nötig, auf jede Zwischenfrage antwortete er äußerst kompetent, und jeder, der ihm zuhörte, war schon bald hingerissen von seinen Worten. Stunde um Stunde hätte er weiterreden können, ohne dass jemand das Interesse verlor.

Später in Mailand stieß seine Mutter Monika wieder zu ihm und versuchte ihn dazu zu bringen, seine Lebensgefährtin zu verlassen und sich mit einem erst elfjährigen Mädchen aus einer wohlhabenden Familie zu verloben. Augustins schien nicht abgeneigt und trennte sich von der Mutter seines Sohnes. Doch da das Mindestalter für eine Braut zwölf Jahre betrug, wurde die Hochzeit verschoben, und Augustinus suchte sich, vielleicht nur um nicht allein schlafen zu müssen, eine neue Geliebte, die erfahrener und weiblicher gebaut war als seine Verlobte.

Hin und her gerissen zwischen verschiedenen Frauen, lernte Augustinus in jener Zeit den Mailänder Bischof Ambrosius kennen. Diese Begegnung veränderte schlagartig seine religiösen Einstellungen und weckte das Bedürfnis nach einem tieferen Inhalt in seinem Leben. Er selbst erzählt es uns in seinen *Bekenntnissen*:

Spät erst habe ich dich geliebt, Schönheit du, immer alt und immer neu, spät erst habe ich dich geliebt. (...) Du hast ge-

[4] Vgl. ebda., Buch 5, Kapitel 8

rufen, geschrien, hast meine Taubheit durchbrochen. Du hast geleuchtet wie ein Blitz über mir und hast meine Blindheit verjagt. (...) Du hast mich berührt, und ich brenne vor Sehnsucht nach deinem Frieden.[5]

In dieser Lage überzeugt ihn jedes Ereignis, jede Begegnung immer mehr davon, dass er auf dem richtigen Weg ist. Die Askese des heiligen Antonius, die Bekehrung des berühmten Rhetors Marius Victorinus, von der ihm der spätere Mailänder Bischof Simplician erzählt, oder auch die Briefe des heiligen Paulus machen ihn zu einem vorbildlichen Christen. In der Nacht zwischen dem 24. und 25. April des Jahres 387, einer Osternacht, lässt er sich zusammen mit seinem Sohn Adeodat vom heiligen Ambrosius taufen.[6]

Erste Anzeichen für seine Bekehrung hatte es bereits Jahre zuvor, als Augustinus noch in Tagaste lebte, gegeben. Als er dort eine Tages in seinem Garten ruhte, brach er plötzlich grundlos in Tränen aus. Gleichzeitig vernahm er die Stimme eines kleinen Jungen, vielleicht auch eines Mädchens, der im Singsang die Worte trällerte: «Nimm und lies, nimm und lies»[7], woraufhin Augustinus aufsprang, ins Haus rannte und zum erstbesten Buch griff, das ihm in die Hände kam: Es war das Evangelium. Er schlug es auf und las diese Zeilen (Brief des Apostels Paulus an die Römer, Kapitel 13, 13–14):

Wie am Tage lasset uns ehrbar wandeln; nicht in Schmausereien und Trinkgelagen, nicht in Schlafkammern und Unzucht, nicht in Zank und Neid; sondern ziehet den Herrn

[5] Vgl. ebda., Buch 10, Kapitel 27
[6] Vgl. ebda., Buch 9, Kapitel 6
[7] Vgl. ebda., Buch 8, Kapitel 12

Jesum Christum an, und leistet den Sinnen keinen Vorschub zur Erregung der Lüste.[8]

Bald nach seiner Taufe kehrte er nach Nordafrika zurück und lebte fortan als Eremit in einer Einsiedelei, die er errichten ließ, bis er dann im Jahr 395 zum Bischof von Hippo Regius ernannt wurde. In jener Zeit schrieb er, stets nachts, seine bedeutendsten Werke: *Bekenntnisse*, *Über den Gottesstaat*, *Über die Dreieinigkeit*, *Über den freien Willen*, *Von der Bergpredikt*, *Über die christliche Lehre*, *Über die wahre Religion* und viele weitere mehr. Währenddessen wurde er aber auch immer wieder von erotischen Träumen heimgesucht. Das heißt, Augustinus als frommer Einsiedler? Gewiss. Doch auch nur bis zu einem bestimmten Punkt. Dies lässt sich erahnen an manchen Sätzen, die sich hier und da verstreut in seinen *Bekenntnissen* finden.

O Herr, gib Keuschheit und Enthaltsamkeit, aber bitte nicht sofort. (Bekenntnisse, 8, 7)

Ach, ich war nicht so sehr ein Freund der Ehe als ein Sklave meiner Lust und verschaffte mir daher eine andere Frau, natürlich nicht als Gattin. (Bekenntnisse, 6, 15)

Aus der Irreleitung des Willens entsteht die Wollust, aus der Wollust die Gewohnheit und aus der Gewohnheit die Notwendigkeit.

Liebe und tu, was du willst.

[8] Vgl. ebda., Buch 8, Kapitel 12

Ich erdreistete mich sogar, während der Feier deiner Feste innerhalb der Mauern deiner Kirche begehrliche Gedanken zu hegen. (Bekenntnisse, 3, 3)

Doch waren mein leidenschaftliches Geben und Nehmen von größerer Wonne erfüllt, wenn mir auch der Genuss körperlicher Leidenschaft vergönnt war. (Bekenntnisse, 3, 1)

In Anbetracht der Tatsache, dass wir hier über einen christlichen Heiligen reden, reibt man sich bei diesen Aussagen zunächst vielleicht verwundert die Augen. Aber wenn man sich's genauer überlegt, wird einem klar, wie Recht er hat: Solange man mit reinem Herzen liebt, ist alles erlaubt, auch körperliche Lust. So betrachtet, könnte ich vielleicht auch eines Tages Anspruch erheben, heilig gesprochen zu werden. Alles in allem hat Augustinus in seinem Leben nur eine Sünde begangen, und zwar jene vor seinem Aufbruch nach Rom, als er seine Mutter hinterging und sich so klammheimlich aus dem Staub machte.

Augustinus starb 430 in Hippo Regius, als die Stadt von den Wandalen unter ihrem Anführer Geiserich belagert wurde. Sein Leichnam wurde später von dem Langobardenkönig Liutprand nach Pavia in die Kirche San Pietro in Ciel d'Oro überführt.

Vier große Themen sind es, um die Augustinus' Denken kreist: die Sünde, die Zeit, der Gottesstaat und der Kampf gegen die Pelagianer.

Zum Thema Sünde ist die Episode von einem Birnendiebstahl erhellend, die wir uns direkt von Augustinus erzählen lassen:

Ein Birnbaum stand in der Nähe unseres Weinberges, voll von Früchten, die weder durch Aussehen noch Geschmack anzulocken vermochten. Bis tief in die Nacht hatten wir jungen Nichtsnutze nach übler Gewohnheit auf unseren Tummelplätzen gespielt und machten uns nun daran, den Baum zu schütteln und zu plündern. Riesige Mengen von Früchten schleppten wir fort, nicht etwa, um sie selbst zu verspeisen, sondern allein, weil es uns Spaß machte, sie zu stehlen. Denn siehe, mein Herr, ich liebte die Freiheit des Übeltäters, ich liebte mein Verderben, liebte meinen Fehl, nicht etwa den Gegenstand meines Fehls, sondern meinen Fehl als solchen liebte ich.[9]

Ich selbst erinnere mich, in aller Bescheidenheit, an ein ähnliches Erlebnis. Ich war vielleicht elf oder zwölf und hatte es mir angewöhnt, mit einigen Freunden im Warenhaus Rinascente «klauen» zu gehen. Mit gleichgültiger Miene näherten wir uns den Vitrinen und griffen uns irgendetwas, was leicht einzustecken war. Manchmal Buntstifte, dann wieder Schokolade oder Ähnliches. Eines Tages ertappte mich ein Kunde und rief: «He, was fällt dir denn ein?» Und ich, dummdreist wie ich war, antwortete: «Ach, eine ganze Menge. Die Welt gehört den Gewitzten.» Dabei waren meine Eltern nicht arm und hätten mir alles gekauft, was ich haben wollte. Ich hätte sie nur fragen müssen.

Was hingegen die Sexualität betrifft, hatte unser Heiliger klare Vorstellungen. Er unterschied eindeutig zwischen Begierde und Verliebtheit, zwischen einem sexuellen Erlebnis *una tantum* und einem tiefen, bewussten Gefühl. In den *Bekenntnissen* erzählt er:

9 Vgl. ebda., Buch 2, Kapitel 4

Im Alter von sechzehn Jahren liebte ich nicht die Frauen, sondern die Vorstellung, sie zu lieben. (...) Dann eines Tages besudelte ich die Quellader der Freundschaft mit dem Schmutz der Begierde und verdunkelte ihren Glanz mit der schrecklichen Finsternis der Lust.[10]

Allem Anschein nach war es auch der heilige Augustinus, der das Fegefeuer erfand. Vor seiner Zeit kannte man nämlich solche Kompromisse noch nicht (siehe dazu den Mythos von Er in Platons Werk *Der Staat*). Entweder stieg man in die himmlischen Höhen mit allen dazugehörigen Genüssen und Freuden auf, oder man fuhr hinab in den Hades zu Feuer und Höllenqualen. Augustinus aber schrieb in seinem Werk *Über den Gottesstaat*:

O Herr, zeig Erbarmen mit mir: Ich weiß, ich habe gesündigt und darf nicht hoffen, in den Himmel einzugehen. Doch weiß ich auch, dass ich nicht so schlecht war, um das Feuer der Hölle verdient zu haben. Zeige mir einen Ort, der dazwischen liegt, einen Ort, wo ich die Schuld, die ich auf mich lud, sühnen kann, um danach unter den reinen Seelen aufgenommen zu werden.[11]

Um was sonst könnte es sich bei diesem Ort handeln als um das Fegefeuer? Also eine Art Parkplatz, dessen Existenz die Christen dazu anhält, für die dort wartenden Seelen zu beten. Noch heute ist das Fegefeuer in Neapel, wo man mehr für die Seelen in der zweiten Liga betet als für die in der ersten, so po-

[10] Vgl. ebda., Buch 3, Kapitel 1

[11] Zum Thema Fegefeuer empfehle ich das ganze 21. Kapitel in *Über den Gottesstaat*.

pulär wie eh und je. Es gibt da eine Art Abkommen zur gegenseitigen Hilfeleistung, wobei von der einen Seite Gebete und von der anderen das Vorhersagen der Lottozahlen erwartet werden.

Ein anderes Lieblingsthema von Augustinus ist die Zeit. Besonders eine seiner Aussagen hat es zu großer Berühmtheit gebracht:

> *Wenn niemand mich fragt, was Zeit ist, weiß ich, was sie ist, sobald jedoch jemand diese Frage stellt, weiß ich nicht, welche Antwort ich geben soll.*[12]

Für den heiligen Augustinus gibt es keine Vergangenheit, weil sie aufgehört hat zu sein. Die Zukunft gibt es nicht, weil sie noch nicht ist, und die Gegenwart gibt es auch nicht, weil es eine Trennung zwischen zwei Dingen, die nicht existieren, nicht geben kann. Was es für ihn gibt, sind drei Zeiten der Gegenwart: die Gegenwart vergangener Dinge, das ist die Erinnerung, die Gegenwart gegenwärtiger Dinge, das ist die sinnliche Wahrnehmung, und die Gegenwart zukünftiger Dinge, das ist die Erwartung. Am Ende kommt er zu dem Schluss, dass die Zeit nichts weiter sei als eine *distensio animi*, eine «Erweiterung der Seele». Danach stellt er sich die Frage: «Was tat Gott, bevor er das Universum schuf?» Antwort: «Gar nichts!», denn «zuvor» und «danach» sind Begriffe, die sich nur auf Menschen beziehen können, nicht aber auf Gott. Im Gegensatz zu Platon, der sich Zeus vorstellte, wie er einer Tonfigur Leben einhauchte, sieht Augustinus Gott als ein ewiges Wesen ohne Beziehung zur Zeit, wie um zu sagen: «Vor Gott

[12] Augustinus, *Bekenntnisse*, Buch 11, Kapitel 14

gab es noch nicht einmal ein Zuvor.» Aristoteles hatte sich ebenfalls schon in diesem Sinn geäußert. «Die Zeit», sagte er, «ist jenes Maß, das den Abstand zwischen dem Zuvor und dem Danach angibt. Wo es aber ein Zuvor und Danach nicht gibt, kann es auch keine Zeit geben.»

In seinem Werk *Über den Gottesstaat* erklärt Augustinus, die Amerikaner glaubten, mit dem Aufbau ihres Landes und ihres Weltreichs, die Geschichte geschaffen zu haben, während es in Wirklichkeit nur eine Geschichte gebe, die des Gottesstaates nämlich. Gut, zugegeben, er schreibt nicht wortwörtlich von den Amerikanern, aber wenn man ihn so liest, hat man tatsächlich den Eindruck, er wolle sich mit ihnen anlegen. Um es noch einmal deutlicher zu sagen: Für Augustinus gibt es zwei Staaten, die unterschiedlicher nicht sein könnten: jenen der weltlichen Begierden und jenen des Geistes. Und wie nicht anders zu erwarten, ist der Staat des Geistes nicht jener, in dem wir heute leben, sondern der kommende.

> *Zwei Staaten des Lebens gibt es, der eine gründet sich auf die Eigenliebe und die Verachtung Gottes, im anderen ist die Liebe zu Gott der Verachtung entgegengesetzt und den Begierden.*[13]

Offenbar hat sich auch bei dem späteren Augustinus noch etwas Manichäisches, also von der Vorstellung vom ewigen Kampf zwischen Gut und Böse, erhalten.

Nun bleibt noch, uns ein wenig mit dem Pelagianismus und seinen Folgen zu beschäftigen. Pelagius, dessen Name über-

[13] Vgl. Augustinus, *Über den Gottesstaat*, Buch 11

setzt «Mann des Meeres» bedeutet, war ein irischer Mönch, den es zu Beginn des 5. Jahrhunderts nach Rom verschlug. Vereinfacht gesagt, bestand seine häretische Lehre darin, dass er die Bedeutung der Erbsünde leugnete und die Anschauung verbreitete, dass jeder Mensch nur für die Sünden, die er persönlich begangen hat, verantwortlich sei. Solch eine Lehre war für die Kirche natürlich eine Katastrophe. Wer mit einer moralisch reinen Weste zur Welt kommt, hat keinen Priester mehr nötig, der einen durch die Taufe von der Erbsünde losspricht. Angesichts solcherart Behauptungen sah sich auch der heilige Augustinus gezwungen, Position zu beziehen, und trat Pelagius und seinen Anhängern, unter ihnen der berühmte Caelestius, entschlossen entgegen. Man stritt über das Problem des freien Willens, ein Streit, der sich bis in unsere Tage fortsetzt.

Nach Augustinus hat zusammen mit Adam und Eva die gesamte Menschheit gesündigt, weshalb wir vom ersten Tag unseres Lebens an eine schreckliche Bürde mit uns herumschleppen: die Erbsünde.[14] Pelagius hingegen sah, wie oben angedeutet, die Sache grundsätzlich anders und wurde unter anderem deswegen von einer Bischofskonferenz verurteilt und später auch aus Jerusalem verbannt, wo er sich, nach einer Zeit des Herumirrens zwischen Palästina und Afrika, niedergelassen hatte. Nun suchte er Zuflucht in Ägypten, wo sich seine Spuren verlieren.

Heute jedoch, seien wir ehrlich, können wir nicht anders, als dem armen Pelagius Recht zu geben. Mit seiner Evolutionstheorie hat uns Darwin lang und breit bewiesen, dass es Adam und Eva nie gegeben hat und dass wir von anderen Formen des Lebens abstammen. Zwar weiß ich nicht genau, in welchem

[14] Vgl. Augustinus, *Über die Gnade und die Vergebung der Sünden*

Augenblick des Evolutionsprozesses sich die Seele in «meiner» Brust eingenistet hat (als «ich» noch ein mehrzelliges Wesen war, ein Fisch, ein Reptil, ein Primat, ein *Homo erectus* oder ein *Homo sapiens*), aber ich bin sicher, dass es sich nicht um eine sündige Seele gehandelt hat. Aber auch wenn es so wäre, meine ich, es soll doch jeder für seine eigenen Sünden geradestehen, ohne mit seinen Großeltern und Urgroßeltern oder vielleicht auch einem heiligen Augustinus in seinem Stammbaum zu hadern.

III

Der heilige Ambrosius

Als ich ein Junge war, hieß Inter Mailand noch Ambrosiana Mailand und hatte als Schutzpatron den heiligen Ambrosius. Regelmäßig, wenn Ambrosiana auf Neapel traf, setzte es eine Niederlage für uns, und auch deswegen hasste ich Ambrosiana Mailand aus tiefstem Herzen, und mit der Mannschaft auch ihren heiligen Schutzpatron. Als ich dann Philosophie studierte, lernte ich den Gelehrten besser kennen und begann ihn zu schätzen, vor allem wegen dem, was er über die Freundschaft sagte:

> *Freundschaft ist das schönste Gefühl, das einen Menschen bewegen kann. Freundschaft bedeutet, einen Menschen zur Seite zu haben, mit dem sich Freud und Leid des Lebens teilen lassen, dem wir uns anvertrauen können in den Momenten, wenn uns Traurigkeit umfängt.*[1]

Ambrosius ist der Mailänder Heilige par excellence. Nicht zufällig wurde er in Deutschland geboren[2], in Trier, um das Jahr 340. Na ja, wenn ich's mir genauer überlege, ist auch Karl Marx in Trier geboren, und der hatte, soviel ich weiß, rein gar nichts

[1] Vgl. Ambrosius, *De officiis ministrorum*, III, 132

[2] So unkommentiert kann ich den Satz wohl nicht stehen lassen. Damit ist gemeint, dass die Mailänder mehr von den Deutschen als zum Beispiel von den neapolitanischen Landsleuten halten, und der heilige Ambrosius ist der beste Beweis dafür.

von einem Mailänder. Sogar vom Aussehen waren die beiden grundverschieden: Ambrosius war von kleiner Gestalt, vernunftgeleitet und ein Typ wie ein heutiger IBM-Manager. Marx hingegen war ein großer, kräftiger Kerl, erinnerte, haarig und bärtig wie er war, ein wenig an einen Orang-Utan und besaß einen aufbrausenden Charakter wie ein Süditaliener. Kurzum, zwei Menschen, wie sie unterschiedlicher nicht hätten sein können.

Der Heilige lebte in der Übergangszeit zwischen dem Ende der antiken Welt und der endgültigen Durchsetzung des Christentums. Und das war keineswegs ein kurzer Übergang. Jahrelang bekämpften sich die verschiedensten Häresien und versuchten einander zu übertrumpfen. In Italien hatten nicht nur die Manichäer Zulauf, sondern auch die Anhänger keltischer Riten, die Arianer und sogar die Verehrer der antiken Götter, die mit Kaiser Flavius Claudius Julianus, von den Christen *Apostata* («Abtrünniger») genannt, ein beachtliches Comeback feierten. Speziell Arius, ein Priester aus Alexandria, hatte einen enormen Erfolg mit einer Bewegung, die sich gegen das Dogma von der Heiligen Dreifaltigkeit wandte. Für ihn war Gott Vater als Schöpfer des Himmels und der Erde die einzige zu verehrende Gottheit, sein Sohn nicht mehr als ein aus göttlichem Willen entstandenes Geschöpf, wenn auch mit besonderen Qualitäten, und der Heilige Geist ein genialer Einfall, um die Jungfräulichkeit der Gottesmutter belegen zu können. Nicht zu unterschätzen auch die von Mani, einem persischen Priester, gegründete Religion, nach der das Leben ein ewiger Kampf zwischen Gut und Böse ist. Jeder Mensch, lehrte Mani, wird stets von zwei unsichtbaren Wesen begleitet, einem Engel und einem Teufel, die ihn auf unterschiedliche Weise beraten. Ich bin mir nicht sicher, aber ich glaube, mehr als einmal eine Stimme vernommen zu haben, die mir zum Schlechten riet.

Diesen zahlreichen Häresien ein Ende zu setzen, machte sich der heilige Ambrosius persönlich zur Aufgabe. Von der Höhe seines Lehramts aus verkündete er eines Tages: «Meine Herren, ab sofort gibt es nur noch Jesus. Wer an ihn glaubt, tut gut daran, wer nicht, um den ist es schlecht bestellt!» In diesem Zusammenhang schreibt er:

Christus ist alles für uns.
Schmerzt uns eine Wunde, ist er der Arzt.
Verfolgt uns Unrecht, ist er die Gerechtigkeit.
Überkommt uns Schwäche, ist er die Kraft.
Schreckt uns der Tod, ist er das Leben.
Verlangt uns nach dem Himmel, ist er der Weg.
Umfängt uns Finsternis, ist er das Licht.
Quält uns Hunger, ist er die Speise.[3]

Ambrosius wird darüber hinaus auch eine recht eigenwillige Definition der Kirche zugeschrieben. Und zwar nannte er sie einmal «keusche Dirne». In einem Kommentar zum Buch Josua schrieb er, die Einzigen, die beim Einsturz der Mauern von Jericho mit heiler Haut davonkamen, seien jene gewesen, die bei der Dirne Raab (die ihm zufolge im biblischen Text die Kirche symbolisierte) Zuflucht fanden.[4] Was ihn, anstatt ihm zu zeigen, dass alle Dinge, auch noch die schlechtesten, immer auch eine gute Seite haben, zu der Behauptung veranlasste, dass es außerhalb der Kirche keine Rettung gebe. Apropos Dirnen, Sankt Ambrosius zeigte sich auch als erbitterter Feind des Schminkens. «Dem Gesicht der Frau Farbe zu geben», sagte er sinngemäß, «hat Gott bereits vorgenommen.

[3] Vgl. Ambrosius, *Expositio in Psalmum*, 36, 36
[4] Vgl. Ambrosius, *Expositio evangelii secundum Lucam*, III, 23

Du Weib aber, mit deinen Püderchen und Lippenstiften, gefällst darum dem Manne nicht besser und missfällst unserem Herrn.»[5]

Über das erste Wunder des heiligen Ambrosius gibt uns sein Privatsekretär Paulinus Auskunft, ein Geschichtsschreiber, der bis zum letzten Tag seines Lebens an seiner Seite blieb. Als Ambrosius einmal, noch als Kind, unter einem Baum eingeschlafen war, setzten sich einige Bienen auf seine Zunge. Doch anstatt ihn nun zu stechen, wie es Bienen normalerweise so tun, belegten sie seine Zunge mit Honig.[6] Daher Ambrosius' Redegabe. Der Heilige war alles andere als ein Karrieregeistlicher. Ja, bis zu seinem vierzigsten Lebensjahr scheint er noch nicht einmal ein besonders frommer Katholik gewesen zu sein. Nach seiner allgemein wissenschaftlichen und juristischen Ausbildung begann er seine Laufbahn in der Verwaltung des Römischen Reiches, wurde dann aber eines Tages, völlig überraschend, Bischof, und zwar durch die Akklamation des Volkes. Und das, obwohl er noch nicht einmal getauft war. Das geschah am 7. Dezember 374 in Mailand (noch heute ein wichtiges Datum für die Mailänder), und nur, weil eines Morgens ein kleiner Junge, so die Legende, als er den Heiligen, der damals noch Statthalter von Oberitalien war, auf der Straße sah, zu rufen begann: «Ambrosius, Bischof! Ambrosius, Bischof!» Das Volk vernahm die Stimme der Unschuld und bekräftigte den Vorschlag mit Beifall. Aber, man glaubt es kaum, er selbst war über diese Auszeichnung alles andere als glücklich. Im Gegenteil tat er alles, um einer Ernennung zu entgehen. Dabei schrak er sogar nicht davor zurück, einige Damen vom Liebesgewerbe zu sich nach Hause einzuladen. «Wenn das die

[5] Vgl. Ambrosius, *Exameron*

[6] Vgl. Paulinus von Mailand, *Das Leben des heiligen Ambrosius*

Runde macht, ist mein guter Ruf flöten und meine Ernennung vom Tisch», mag er sich gesagt haben. Schließlich soll er versucht haben, aus Mailand zu fliehen, doch «Jemand» oben im Himmel brachte ihn vom rechten Weg ab, und das Volk erwischte ihn ein wenig hinter San Siro vor den Toren der Stadt. Es wird erzählt, er habe seinen Fluchtversuch auf einem Esel namens Betta unternommen. Daher heißt der Ort, wo man ihn dann erkannte, noch heute Corbetta. Und zwar deshalb, weil Sankt Ambrosius bis zuletzt sein Maultier mit den Worten «Corri Betta, corri Betta!» («Lauf, Betta, lauf, Betta») angetrieben haben soll. Doch egal, wie, auf alle Fälle kommt ihm als Bischof das Verdienst zu, die Unabhängigkeit der Kirche vom Reich gefestigt zu haben, eine Unabhängigkeit, die noch heute währt.

Sankt Ambrosius behandelte die beiden Kaiser (im West- und im Oströmischen Reich) wie seinesgleichen, und das verhalf dem christlichen Glauben zu großem Ansehen. Einmal verbot er dem oströmischen Kaiser Theodosius, eine Kirche zu betreten, weil dieser in der Woche zuvor in Saloniki ein Gemetzel befohlen hatte, das fünfzehntausend Einwohnern das Leben kostete. Ein anderes Mal verjagte er den oströmischen Kaiser Valentianus II. aus seinem Bistum, und zwar nur, weil der Herrscher nicht mit der geschuldeten Demut vor einem Kreuz niedergekniet war. Damit sagte Ambrosius nichts anderes, als dass die auf Zeit verliehene Macht der ewigen Macht Gottes den Vortritt zu lassen habe.

Probleme hatte Ambrosius auch mit Justina, der Frau oder, besser, der Witwe von Kaiser Valentianus I., sowie Mutter von Valentianus II. Als Anhängerin des Arianismus verlangte die Dame, dass die Basilika Porziana fuori le Mura ihren arianischen Untertanen zur Verfügung gestellt würde. Doch Ambrosius zog vor die Kirche, um dort zu beten; die gotischen Soldaten, die sie eigentlich in Besitz nehmen sollten, drehten ihre Schilde um, und in kürzester Zeit wurden aus den Eroberern Verteidiger des Gotteshauses.

Es ist zu lesen, der Kaiser habe sogar versucht, Ambrosius umbringen zu lassen. Dazu gab er einem Hexenmeister den Auftrag, vom Dach eines hohen Gebäudes aus, vor aller Augen, dem Satan zu opfern, um auf diese Weise das Volk gegen den Bischof aufzubringen. Aber auch hier erlebte der Kaiser ein böses Erwachen. Es war der 2. April 386, als Sankt Ambrosius in die Menge trat und es ganz allein mit der kochenden Volkseele aufnahm. Er rief:

Was wollt ihr von mir?
Wollt ihr mein Vermögen, ich hänge nicht daran. Wollt ihr meinen Leib, hier stehe ich und warte auf euch. Wollt ihr mich in Ketten sehen, hier sind meine Arme und Beine. Wollt ihr mich töten, dann tut es: Ich werde keinen Widerstand leisten. Doch wollt ihr das, was Gott allein gehört, kann nur Gott es euch geben. Betet zu ihm, und er wird es euch schenken.[7]

Wie man sieht, war in manchen Situationen mit Ambrosius nicht gut Kirschen essen. Wie ja übrigens mit fast allen Mailändern.

Fünfzehn Wunder werden dem Heiligen zugeschrieben, darunter jene, einem Blinden namens Severo wieder sehend und eine gelähmte Wäscherin wieder gehend gemacht zu haben. Er berührte nur ihre Gewänder, und ihre Beine trugen sie wieder. Aber das ist noch nicht alles: Der Legende nach soll den Hei-

[7] Vgl. Ambrosius, *Epistulae*, LXXVI

ligen auf allen Wegen ein geflügelter Engel begleitet haben. Manche behaupteten sogar, gesehen zu haben, wie der Himmelsbote ihm bei manch einer Gelegenheit die passenden Worte ins Ohr flüsterte.

IV

Der heilige Hieronymus

Sophronius Eusebius Hieronymus, auch als der «Löwe des christlichen Glaubens» bekannt, war der ärgste Feind aller Sünder, und unter den Sündern setzte er sich selbst an die erste Stelle. Alles Mögliche brachte er fertig, nur nicht zu verzeihen, und damit schaffte er es, sich noch die liebsten Menschen zu Feinden zu machen. Einmal schrieb sein Schüler Rufinus von Aquileja in einem Buch, seiner Ansicht nach habe Hieronymus dem Werk des griechischen Kirchenschriftstellers Origines zu wenig Beachtung geschenkt. Das hätte er nicht tun sollen: Keine zwei Tage später erhielt er einen Brief, der mit *Apologia adversus libro Rufini* überschrieben war und in dem der Heilige ihn zur Schnecke machte. Aber noch heftiger waren Hieronymus' Auseinandersetzungen mit den Pelagianern. Nachdem er ein Buch des Titels *Dialogi contra Pelagianos* mit schärfsten Angriffen gegen diese Glaubensrichtung veröffentlicht hatte, steckten Anhänger von Pelagius aus Rache das Kloster in Brand, in dem der Heilige lebte.

Hieronymus wurde im Jahr 347 in Stridon, nicht weit von Aquileja, geboren. Als junger Mann zog er nach Rom und verliebte sich dort in die klassischen griechischen und lateinischen Autoren. So eifrig studierte er sie, dass er in kürzester Zeit der gelehrteste unter den Kirchenvätern wurde. Seneca und Epiktet zitierte er aus dem Gedächtnis, doch nicht nur Lateinisch und Griechisch, sondern auch Hebräisch beherrschte er perfekt, so dass er auch *vir trilinguis* genannt wurde. Hieronymus verdanken wir die berühmte Bibelübersetzung in die lateinische Sprache (sowohl des Alten Testaments aus dem Hebräischen als auch des Neuen Testaments aus dem Griechischen), die so genannte *Vulgata* (zum Gebrauch des Volkes), die jahrhundertelang die maßgebliche Heilige Schrift des Abendlandes war.

Aber Hieronymus war nicht nur ein eifriger Gelehrter, sondern auch ein in mancher Hinsicht sogar fanatischer Frauenfeind. Ganz im Gegensatz zum heiligen Augustinus, der, wie gesehen, nur zu gern zarte Bande zum anderen Geschlecht knüpfte. Dermaßen strikt war Hieronymus gegen Eros eingestellt, dass er sich sogar gegen warme Bäder wandte, weil diese zu erregend seien. Allerdings ging der Heilige nicht allen Frauen aus dem Weg, sondern suchte sogar den Kontakt mit solchen aus hoch gestellten Familien. So betreute er zum Beispiel einen Kreis vornehmer Frauen, der wöchentlich im Haus einer gewissen Marcella zusammenkam, um gemeinsam in der Heiligen Schrift zu lesen. Irgendwann führte die Sache allerdings zu Gerede im Viertel, und Hieronymus sah sich gezwungen, Rom zu verlassen und zu einer Reise in den Orient aufzubrechen. Ob an diesem Gerede nun etwas dran war, wissen wir nicht, auf alle Fälle aber begleitete ihn dabei eine Dame namens Paula, die Witwe des Senators Toxotius, und deren Tochter Eustochium. Zunächst begaben sie sich nach Zypern, dann nach Antiochia, schließlich ins Heilige Land und nach Ägypten, wo sie sich auf die Suche nach Eremiten in der Wüste machten. Nachdem sie sich in Bethlehem niedergelassen hatten, gründeten sie ein Doppelkloster, das heißt, eins für Männer und eins für Frauen, finanziert von Paula, die, dem Himmel sei Dank, über ausreichende Mittel verfügte. Es versteht sich fast von selbst, dass später auch Paula und Eustochium heilig gesprochen wurden. Im Zusammenhang mit Letzterer sollte noch erwähnt werden, dass Hieronymus ihr, als er sie in Rom kennen lernte, einen Brief zukommen ließ *(Libellus de custodia virginitatis)*, in dem er erklärte, ein Mädchen könne auch durch bloße Gedanken ihre Jungfernschaft verlieren. Das hörten ihre jungen Verehrer nicht so gern. Sie nahmen sich Hieronymus vor und drohten ihm an, ihn in den Tiber zu werfen, sollte er sich noch einmal einen solchen Brief erlauben. Doch die zarte Eustochium konnte sich Hieronymus' Einfluss nicht entziehen und folgte ihm wie ein Schatten überallhin, bis sie eines traurigen Tages, durch schlechte Ernährung und Enthaltsamkeit geschwächt, vom irdischen Dasein in ein besseres Leben hinüberwechselte.

Angesichts dieser Geschehnisse beschleicht einen die Frage, ob der heilige Hieronymus die Frauen beziehungsweise die weibliche Sexualität vielleicht mehr hasste als er den Herrn liebte. So erklärte er zum Bespiel zum Thema der göttlichen Allmacht: «Gott kann jedwede Sünde ungeschehen machen, nur die fleischliche nicht. Einem Mädchen, das seine Unschuld verliert, kann auch er sie nicht wiedergeben. Ich weiß, das sind kühne Worte», fügte er hinzu, «aber Gott kann lediglich, wenn es sein Wille ist, die Seelenqualen einer reuigen Sünderin lindern. Lossprechen von der Sünde, wenn sie sich befleckt hat, kann er sie nicht.» Diese Behauptungen trugen ihm geharnischte Kritiken verschiedener christlicher Gelehrter ein. Unter ihnen der heilige Petrus Damiani, der ihm viele Jahrhunderte später in seinem Werk *De Divina omnipotentia* offen vorwarf, nicht an die Allmacht Gott Vaters geglaubt zu haben. Er schreibt: «Nach Hieronymus' Worten kann jedwede Sünde verziehen werden, mit Ausnahme jener, die durch die Versuchungen des Fleisches geschehen. In Wahrheit jedoch gibt es weit schwerere Sünden, die unser Gewissen belasten können.»

Hieronymus verfasste nicht nur zahlreiche Schriften, sondern war auch ein leidenschaftlicher Leser, was so weit ging, dass er, als er sich in die Wüste zurückzog, eine ganze Bibliothek mit sich führte. Wie um zu sagen: «Auf alles kann ich verzichten, nur nicht auf meine Bücher.» Einige Werke hatte er jedoch zuvor zensiert. So fehlten im Buch Ezechiel die Kapitel 16 und 22, weil darin das unzüchtige Treiben der Schwestern Ohola und Oholiba detailliert beschrieben wird. Doch das half nicht viel. Wie alle Eremiten wurde auch er von typischen Halluzinationen heimgesucht. Immer wenn er sich in der Wüste schlafen legte, traten Frauen vor sein geistiges Auge, die vor ihm ihre Kleider ablegten. Was folgte waren Vorwürfe, Selbstgeißelungen und Tränen.

Ich stelle mir den heiligen Hieronymus unter der sengenden Sonne mit einem Tuch über dem Kopf im Sand liegend vor, um ihn herum eine mindestens ein Meter fünfzig hohe Mauer aus Büchern. Vier Jahre verweilte er in der Wüste, dann kehrte er nach Antiochia und gleich darauf nach Rom zurück, wo Papst Damasus ihn als Privatsekretär auf Probe in Dienst nahm. In dieser Stellung beschuldigte ihn jemand, Cicero mehr zu lieben als die Heilige Schrift, und erklärte wörtlich: «Du, Hieronymus, bist kein Jünger Christi, sondern ein Jünger Ciceros», woraufhin er sich, zerknirscht, noch emsiger ins Studium der Evangelien vertiefte.

Manch einer sah auch schon den nächsten Papst in ihm; doch zum einen wegen seines schwierigen Charakters, zum anderen wegen seines wenig gewinnenden Äußeren und des Gestanks, den er verbreitete, zog niemand seine Kandidatur ernsthaft in Betracht. Sankt Hieronymus sah aus wie der letzte Mensch: Er lief ständig barfuß herum, kleidete sich mit einem Ziegenfell und trug um den Hals ein Seil, an dem ein zwei Kilo schweres Kreuz befestigt war. Die Kollegen betrachteten ihn mit Abscheu und hielten sich die Nase zu, wenn er den Raum betrat. Er war vierzig Jahre alt und sah aus wie siebzig.

Kurzum, wer es noch nicht verstanden haben sollte, Hieronymus war ein Mensch, mit dem sich schwer auskommen ließ. Er war jähzornig, missgünstig, unversöhnlich und streitsüchtig. Auch die Heiligen Ambrosius und Augustinus verschonte er nicht mit seinen Anfeindungen. Unter anderem warf er dem Bischof von Mailand vor, bei Didymus dem Blinden abgekupfert zu haben. Und das war noch nicht alles. Er stritt auch mit seiner treuen Gefährtin, der Witwe Paula, verbot ihr zu schreiben, mit Fremden zu sprechen und aus dem Haus zu gehen.

Allein wie ein Hund starb er im Jahr 419. Friede seiner Seele.

V

Die Barbaren

Jeder von uns Italienern hat zumindest einen Vorfahren im 5. Jahrhundert n. Chr. Greifen wir einfach mal einen heraus und nennen ihn Gaspare. Mit zwei schweren Bürden hat der arme Mann zu kämpfen, mit den Barbaren und den strengen Geboten des christlichen Glaubens. In nicht mal zweihundert Jahren, von 408 bis 569, erleben Opa Gaspare und seine Nachkommen, wie die verschiedensten Völker sie mit ihrer Anwesenheit beehren, als da wären: die Westgoten unter Alarich, die Wandalen unter Geiserich, die Ostgoten unter Odoaker, die Hunnen unter Attila, die Franken unter Chlodwig und die Langobarden unter Alboin. Der Slogan lautet: «Bitte, treten Sie doch näher, die Tür ist weit offen.»

Die Kirche ihrerseits konnte es sich, unter anderem dank der geschickten Politik des Mailänder Bischofs Ambrosius in den Jahrzehnten zuvor, erlauben, eine distanzierte Haltung gegenüber der weltlichen Macht einzunehmen. Das heißt, sie schaute ungerührt den Verwüstungen zu, in der Überzeugung, je mehr Leid um sie herum geschehe, desto sicherer verdiene sich Opa Gaspare den Himmel. Dafür lebte dieser dann in einer Art Afghanistan *ante litteram*: Anstelle des Koran galt die Bibel, die Frauen waren gezwungen, verbarrikadiert im Haus auszuharren, eine Meinungsäußerung, die auch nur ein wenig von der der Machthaber abwich, war nicht geduldet, und wenn man vor die Tür trat, stieß man allenthalben auf einen Barbaren mit langen Hörnern am Helm und dem Schwert in der Hand. Der französische Historiker Georges Duby berichtet, dass es Jahre schlimmster Not waren und man es im 5. Jahrhundert n. Chr. schon als rekordverdächtig ansehen konnte, wenn man vierzig Jahre alt wurde.

Die Menschen lebten in Horden. Zu mehreren schliefen sie in einem Bett, und obendrein verließ niemand ohne Begleitung das Haus. Wer sich dazu erkühnte, wurde mit Misstrauen betrachtet und mit Angst. Das konnte nur ein Wahnsinniger oder ein Verbrecher sein.[1]

Aus dem Mund eines Mönchs der Abtei von Cluny erfahren wir, welche Ausmaße eine Hungersnot im frühen Mittelalter annehmen konnte.

Es hatte so stark geregnet, dass ein ganzes Jahr lang die Felder nicht bestellt werden konnten. Zu essen war nichts mehr übrig geblieben, und die Menschen begannen, alles zu verschlingen, was sie finden konnten. Nachdem die Kräuter auf den Äckern und auch die Disteln, die Schlangen und Insekten alle vertilgt waren, gingen die Menschen dazu über, Erde zu essen. Dann begannen sie, sich gegenseitig zu essen, und sogar die Toten wurden ausgegraben und Stück für Stück verspeist.[2]

Offen gesagt kommt mir die Erzählung des Mönchs ein wenig übertrieben vor. Vielleicht stimmt sie aber auch, und ich danke Gott, dass er mich in Italien im 20. Jahrhundert zur

[1] Georges Duby im Gespräch mit Chiara Frugoni Settis, in *Mille e non più Mille*, Mailand 1994 (liegt nicht in deutscher Übersetzung vor, Anm. d. Übers.)

[2] Ebda.

Welt kommen ließ, wo man, auch wenn man will, gar nicht verhungern kann. Im Notfall bräuchte man nur in irgendein Restaurant gehen und sich die Reste von den Tellern der Gäste geben lassen.

Schließlich gab es noch die Eremiten, jene also, die sich für die vollkommene Einsamkeit entschieden, um allen Kontakten mit anderen Menschen aus dem Weg zu gehen. Unter uns gesagt, es mag sich bei ihnen ja um fromme Seelen gehandelt haben, doch bei allem Respekt für ihr entbehrungsreiches Leben waren ihre Gewohnheiten zuweilen wirklich abstoßend. Die einen verkrochen sich in dunkle Höhlen, andere zogen sich mitten in die Wüste zurück, andere aßen und tranken nur so viel, dass sie damit kaum überleben konnten. Schließlich gab es noch die Akoimeten (wörtlich «jene, die nicht schlafen»), also eine Gruppe Gläubiger, die sich dazu entschlossen hatten, unablässig zu beten und dafür sogar auf den Schlaf zu verzichten. Wem die Augen zufielen, wurde von seinem Nachbarn geweckt, und um einmal schlafen zu können, mussten sie schon alle gleichzeitig zusammenbrechen und zu Boden sinken. Und das alles nur, um das Eckchen im Himmel zu ergattern, auf das sie es abgesehen hatten. In manchen christlichen Orden galt es sogar als Sünde, sich zu waschen. In der Tat brüsteten sich viele Mönche damit, dass ihre Füße noch nie frisches Wasser gesehen hatten, und nannten Läuse «Perlen des Herrn».

Neben dem heiligen Hieronymus, über den wir schon einiges gehört haben, sei auch an Sankt Symeon erinnert, den so genannten Säulenheiligen, der die letzten fünfzehn Jahre seines Lebens auf einer zehn Meter hohen Säule zubrachte. Von ihm wird berichtet, er habe sich gern und lange von oben herab mit allen unterhalten, die ihn besuchen kamen. Auch den heiligen Antonius wollen wir nicht außer Acht lassen, von dem man weiß, dass ihn der Teufel jede Nacht mitten in der Wüste mit einer Schar nackter Frauen in Versuchung führte, die unter einer Bastmatte hervorkamen[3]. Und ebenso wenig den heiligen Benedikt von Nursia, der sich in jungen Jahren in eine Höhle zurückzog, wo ihm das Essen von einem Mitbruder durch eine Öffnung in der Höhlendecke heruntergelassen wurde. Was Versuchungen angeht, blieb auch der heilige Benedikt nicht verschont. Pünktlich jede Nacht quälte ihn der Satan mit dem Bild einer wunderschönen Frau, die er in seiner Jugend gekannt hatte. Als Strafe für seine sündigen Gedanken stürzte sich der Ärmste nackt in eine Brennnesselhecke, um sich auf diese Weise gleichzeitig an Körper und Seele zu läutern. Dann, nach drei Jahren, verließ er, gelobt sei Gott, seine Höhle und gründete das Kloster Montecassino, das später einmal von einer anderen Barbarenhorde, die über den Ozean gekommen war, bombardiert werden sollte.

Fest steht, dass gegen sexuelle Versuchungen niemand gefeit ist, besonders nicht in der Jugend. Verstand und Instinkt sind zwei verschiedene Antriebe, die beide machen, was sie wollen. Meine erste sexuelle Erfahrung war wunderschön, und es hätte sogar noch schöner sein können, wenn wir dabei zu zweit gewesen wären. Aber wer hätte mit fünfzehn Jahren keine unkeuschen Gedanken? Ich jedenfalls hatte unzählige und bin allein, im Dunkel meiner Kammer, mit ihnen fertig geworden. In manchen Nächten bin ich überhaupt nicht zum Schlafen gekommen, weil mich die berühmte Szene aus dem Film *La cena delle beffe* nicht mehr losließ, jene Szene also, wo Amedeo Nazzari im Zorn Clara Calamai die Bluse aufreißt und so ihre

[3] Dazu sollte man sich unbedingt einmal das Gemälde von Domenico Morelli mit dem Titel Die *Versuchung* ansehen, das in der Galleria Nazionale d'Arte Moderna in Rom ausgestellt ist.

Brüste entblößt.[4] In der Beichte bei Padre Atanasio hütete ich mich natürlich, ihm davon zu erzählen, doch er, Friede seiner Asche, erriet meine Gedanken und versäumte es nicht, mich daran zu erinnern, dass bestimmte Sünden mit Erblindung innerhalb von zehn Jahren bestraft werden. Gott sei Dank irrte er sich.

Kommen wir nun aber noch einmal von den jungen Sündern auf die alten Heiligen zurück. Dem heiligen Benedikt wurden zahlreiche Wunder zugeschrieben. Als seine Mönche, die ihm vorwarfen, zu streng auf der Einhaltung seiner Ordensregeln zu bestehen, eines Tages beschlossen, ihn zu beseitigen und ihm deshalb Gift in den Wein schütteten, machte er, bevor er das Glas zum Mund führte, ein Kreuzzeichen darüber, und das Glas zersprang in tausend Stücke. Ein anderes Mal war ein Bauer dabei, mit einer Hippe ein Dornengebüsch zu roden, als sich plötzlich die Klinge vom Stiel löste und in einem See landete. Doch keine Sorge: Der heilige Benedikt betete zunächst ein Vaterunser und hielt dann den Stiel ins Wasser, woraufhin die Klinge sich ganz von selbst wieder daran befestigte.

Und was war mit den Philosophen? *Adda passà 'a nuttata*[5], sagten sie sich und stellten sogar das Denken ein. Jetzt kam es nur noch darauf an, irgendwie mit heiler Haut davonzukommen. Es waren dann eher arabische Gelehrte wie Avicenna und Averroes, die den sieben Jahrhunderte zuvor unterbrochenen Diskurs wiederaufnahmen. In der Zwischenzeit müssen wir uns mit einigen zweitrangigen Philosophen

[4] *La cena delle beffe*, Film aus dem Jahr 1941 von Alessandro Blasetti (es gibt keine deutsche Fassung, Anm. d. Übers.)

[5] «Die Nacht muss man herumbringen» (Anm. d. Übers.)

zufrieden geben, die aber dennoch unseren Respekt verdienen, so wie Hypatia, Proklos, Boethius oder Johannes Scotus Eriugena.

VI

Hypatia

Hypatia war eine außergewöhnliche Frau und, unglaublich, aber wahr, tatsächlich eine Philosophin. Als Tochter des Mathematikers Theon von Alexandria entwickelte sie ihrerseits ein leidenschaftliches Interesse für Mathematik und Astronomie. Dann, zu Beginn des 5. Jahrhunderts, übernahm sie die Leitung der neuplatonischen Schule im ägyptischen Alexandria, wo sie sich durch den Reichtum ihrer Ideen und die Tiefe ihres Denkens auszeichnete. Grundlage ihrer Vorlesungen, denen die jungen Leute in Scharen beiwohnten, war die aristotelische Philosophie, dazu als Komplementärstoffe die Theorien der Kyniker und der Stoiker. Die Lehre von der Verachtung materieller Güter, von Epiktet und Diogenes vorgelebt, war ihr Paradepferd, und jedes Mal, wenn sie im Hörsaal darüber dozierte, war der Beifall groß.

Hypatias besondere Fähigkeit bestand darin, Glauben und Mathematik zusammenzubringen, so als handle es sich gar nicht um gegensätzliche Gebiete. Wie sie das schaffte, ist mir selbst ein Rätsel. Praktisch unternahm sie es, die Existenz Gottes durch eine Reihe mathematischer Überlegungen und ohne Appell an die Phantasie ihrer Schüler zu beweisen. Dazu ging sie von einer einfachen Voraussetzung aus, der Existenz der Schöpfung, und gelangte dorthin, wo sie hin wollte, nämlich zur Existenz des Schöpfers, und das allein auf der Grundlage von Überlegungen in der Art wie «eins plus eins gleich zwei». Zufrieden war sie erst, wenn sie die Vorlesung mit einem *quod erat demonstrandum* beschließen konnte.

Besonders wohlwollend betrachtet wurde ihr Wirken von Synesios von Kyrene, dem Bischof von Ptolemais, der sie auch als seine Privatlehrerin anstellte. Ein vielleicht erstaunliches Verhalten für einen Kirchenmann, aber im Grunde war Synesios auch mehr ein Bischof auf dem Papier: So machte er es zur Bedingung für seine Ernennung, weiter mit seiner Frau schlafen zu dürfen.

Wer Hypatia hingegen mit aller Macht bekämpfte, war der heilige Kyrillos, der Bischof von Alexandria. Dazu mag auch beigetragen haben, dass Hypatia innige Freundschaft (vielleicht zu innig) geschlossen hatte mit dem Juden Oreste, dem Präfekten der Stadt, der seinerseits ein erbitterter Gegner von Kyrillos war. Nun, um es kurz zu machen, für die beiden Freunde nahm die Situation schon bald einen dramatischen Verlauf. Als in der Stadt zu Ausschreitungen gegen die Juden aufgerufen wurde, zählten Oreste und Hypatia zu den ersten Opfern. Speziell die Philosophin, die keine Jüdin war, fand ein entsetzliches Ende. Sie war unterwegs in einer Kutsche, als man sie ergriff, ihr die Kleider vom Leib riss und sie in eine Kirche zerrte, wo sie dann von einem gewissen Lektor namens Petrus und einer aufgeputschten Menge Gläubiger massakriert wurde. Ihren Leib zerstückelte man und warf ihn in dünnen Scheiben ins Feuer. Wahrscheinlich erklärte sich der Hass des Volkes weniger aus ihrer Freundschaft mit einem Juden, als vielmehr aus der Tatsache, dass sie, in den Augen der Leute, nicht wie eine richtige Frau gelebt, sondern in einer öffentlichen Schule unterrichtet hatte, anstatt zu Hause zu bleiben und Strümpfe zu stopfen.

Sie war vierzig Jahre alt, als sie 415 n. Chr. starb.

Schlussbetrachtungen, strengstens verboten für alle, die die Mathematik hassen

Die Frage könnte lauten: «Ist es möglich, durch die Mathematik die Existenz Gottes zu beweisen?» Und die Antwort wäre: «Beweisen nicht, aber erahnen schon.»

In der Natur gibt es nichts, aber auch gar nichts, was mit der Null und Unendlich vergleichbar wäre.[1] Diese beiden sind keine Zahlen, sondern Begrenzungen, Endpunkte, die mit unseren Sinnen nicht erfasst werden können. Bestenfalls können wir etwas finden, das zu Null oder Unendlich tendiert, ohne allerdings jemals dorthin zu gelangen. Ganz zu schweigen davon, was passieren würde, wenn wir sie mit sich selbst multiplizierten! Das Ergebnis wäre vollkommener Unsinn.

Zur Veranschaulichung stellen wir uns Null und Unendlich als Camorra-Killer vor. Immer wenn einer von beiden mit einer anderen Zahl multipliziert wird, vernichtet er sie und macht sie sich gleich. Irgendeine Zahl mit Null multipliziert wird zur Null, und irgendeine Zahl mit Unendlich multipliziert wird unendlich. Nun können wir uns fragen: «Und was ist, wenn wir Null mit Unendlich multiplizieren? Wer bleibt da auf der Strecke?» Die Antwort lautet: «Keiner der beiden, und das Ergebnis wäre undefiniert.» Wir können zum Beispiel sagen, dass Null mal Unendlich 27 ergibt, oder 135 oder 1928, und damit können wir gar nicht falsch liegen, denn diese drei Zahlen (17, 135 und 1928) durch Unendlich geteilt ergeben Null, und umgekehrt genauso. Also, warum sollten wir uns

[1] Wer mehr darüber wissen will, dem rate ich zu dem Buch von John Barrow, *Ein Himmel voller Zahlen*, Reinbek bei Hamburg 1999.

unter dieser Voraussetzung nicht Gott als Produkt aus Null und Unendlich vorstellen? Dann verstünden wir den Urknall besser und vielleicht auch die Dimensionen des Universums.

Nun weiß ich nicht, ob Hypatia jemals zu dem Punkt gekommen ist, sich solche Fragen zu stellen, sicher ist aber, dass Null und Unendlich immer schon die Phantasie so manch eines Philosophen angeregt haben, angefangen bei Zenon, der sich ihrer bediente, um darauf das Paradoxon von Achill und der Schildkröte aufzubauen.

Gott zu finden, ist mit dem Hochsprung in der Leichtathletik vergleichbar: Der Hochspringer rennt auf die Latte zu, und kurz bevor er gegen sie stößt, springt er ab. In der Mathematik geschieht mehr oder weniger das Gleiche. Mit rationalen Überlegungen macht man den Anlauf und mit Intuition den Sprung. Ich kann Ihnen bloß beim Anlaufen helfen, springen müssen Sie schon selbst.

VII

Proklos

Proklos war ein neuplatonischer Philosoph, der für den Übergang zwischen Antike und Mittelalter steht. Um das Jahr 412 in Konstantinopel geboren, verbrachte er einen Großteil seines Lebens in Athen, wo er die berühmteste philosophische Schule der Welt, Platons Akademie, leitete. Einen besonderen Namen machte er sich durch seine Kommentare zu Platons Werken *Parmenides, Kratylos* und *Timaios*, und wenn er über die von Platon beschriebene Seelenwanderung dozierte, erhielt er Szenenapplaus von seinen Schülern.

Zu jener Zeit war eigentlich Aristoteles' *Metaphysik* der absolute Bestseller. Bei jeder passenden und unpassenden Gelegenheit wurde das Werk von den Gelehrten zitiert. Gleichzeitig war es auch das Buch, das am häufigsten missverstanden wurde, weshalb Proklos und sein Lehrmeister Syrian eines schönen Tages keine Lust mehr hatten und beschlossen, Aristoteles zu boykottieren und Platon neue Geltung zu verschaffen. «Wer weiß», so sagten sie sich, «vielleicht ist Platon sogar besser als Aristoteles. Auf alle Fälle aber versteht man ihn.»

Proklos, auch als Hegel des 5. Jahrhunderts bekannt, schrieb eine Reihe von Abhandlungen, sechs, um genau zu sein, darunter den *Liber de causis* (*Buch der Gründe*), in dem er die drei Zustände des Seins, den so genannten «Kanonischen Dreischritt», festhielt:

1. «Das Verharren in sich», von ihm als *moné* bezeichnet.
2. «Das Hervortreten aus sich», auch *próodos* genannt.
3. «Das Sich-Zurückwenden in sich», *epistrophé* genannt.

Was soll das heißen? Ehrlich gesagt, weiß ich es auch nicht so genau, aber ich kann Ihnen zwei verschiedene Interpretationen anbieten. Die erste im Geiste von Parmenides und seinem Verständnis des «Einen». Die zweite, indem ich versuche, die drei Ebenen auf mich selbst anzuwenden.

Erste Interpretation: Das Eine ist das, was es ist, und identisch mit sich selbst. Für das Eine können wir keinerlei Definition geben, weil jeder Versuch eine Reduzierung zur Folge hätte. Für manche ist das Eine Gott, für andere ist es all das, was sich im Leben nicht verändert, wieder andere sehen in ihm den Anfang und das Ende. Gleichzeitig manifestiert sich das Eine aber in der Schöpfung, und indem es sich manifestiert, gewinnt es an Wert. Schließlich, wenn der göttliche Plan erfüllt ist, kehrt es in sich selbst zurück und wird identisch mit der Ewigkeit. (Wenn Sie das verstanden haben, freue ich mich, wenn nicht, halb so wild.)

Zweite Interpretation (auf mich selbst bezogen): Ich bin ein Mensch und bin das, was ich bin. Indem ich lebe, gewinne ich an Wert, dank der Tatsache, dass ich anderen Menschen begegne und von ihnen lerne. Dann, im letzten Lebensabschnitt, wenn ich es am wenigsten erwarte, stelle ich fest, dass ich mich «Jenem» angenähert habe, der mich in die Welt gesetzt hat. Diese zweite Interpretation ist leichter zu verstehen, weil sie unseren Denkgewohnheiten eher entspricht, könnte aber zu oberflächlich sein.

Ich muss ehrlich sagen, dass mich Proklos mit seinen drei beschriebenen Seins-Phasen nicht eben vom Hocker gerissen hat! Wir wissen doch alle, dass wir im Lauf der Jahre äußerlich verlieren, während wir innerlich gewinnen. Was aber auffällt, ist auch hier schon dieses fortwährende Bemühen vieler mittelalterlicher Philosophen, die Existenz Gottes in allen Manifestationen der Schöpfung zu entdecken. Unklar ist, ob das einem eigenen Bedürfnis entspringt oder der Befürchtung, andernfalls Ärger mit der Zensur des Klerus zu bekommen. Sicher ist aber, dass kein Philosoph des Mittelalters seine Überlegungen abschließt, ohne auf die Notwendigkeit eines höheren Wesens hinzuweisen.

Neben der Gegenwart Gottes, sagt Proklos, wirken im Menschen sowohl anziehende als auch abweisende Kräfte. Er nennt sie *Sympathien* und *Antipathien*. Woher sie kommen, wisse man nicht. Ob durch Vererbung von unseren Vorfahren oder durch eigene Erfahrungen, wie etwa einer leichteren oder schwereren Jugend. Fest stehe aber, dass es sie gebe und dass sie entscheidend seien für unsere Beziehungen zu den Mitmenschen. Wer wenige *Sympathien* besitze, sagt Proklos, meide jene Tätigkeiten, bei denen er mit vielen Menschen in Kontakt kommt. In der Politik zum Beispiel komme es weit mehr auf die *Sympathien* des Herrschers an als auf seine Einstellungen. Und Ähnliches gelte im Schauspiel. Wer nicht sympathisch sei, solle lieber individuellere Arbeiten verrichten, etwa ein Handwerk ausüben oder Äcker bestellen. Dank seiner eigenen *Symphathien* konnte sich Proklos mit der Tochter Plutarchs von Athen[1] anfreunden, die ihm bei theurgischen Sitzungen, während derer er in Kontakt zu göttlichen Mächten trat, als Medium diente.

[1] Nicht zu verwechseln mit dem bekannteren Plutarch von Chaironeia, dem berühmten Verfasser der *Parallelbiographien*, der drei Jahrhunderte früher lebte.

Nicht verwunderlich für einen christlichen Philosophen, rät uns Proklos, uns mehr um das Wohl unserer Seele als unseres Leibes zu kümmern. Was unser irdisches Dasein angehe, sei ohnehin bereits alles entschieden. In der Notwendigkeit, unserem Schicksal also, sei unsere Zukunft schon bis ins kleinste Detail festgelegt.

Hinsichtlich des ewigen Lebens stehe hingegen noch alles offen. Es liege an uns, jene Ewigkeit zu wählen, die wir gerne leben würden. Mit anderen Worten: Benehmt euch, und ihr sollt belohnt werden.

Proklos schrieb sehr viel. Da er jedoch fürchtete, zu wenige Leser und damit zu wenig Verbreitung zu finden, griff er zu einer List. Er unterzeichnete alle seine Werke mit dem Namen Dionysos der Areopagite und streute das Gerücht, bei diesem Dionysos handle es sich um einen Philosophen aus dem 1. Jahrhundert n. Chr., der ein Schüler des heiligen Paulus von Tarsus und vor dem Areopag zum christlichen Glauben übergetreten sei.

Allerdings ist sich die Forschung in dieser Sache mit dem so genannten Pseudo-Dionysos nicht ganz einig. Manche Wissenschaftler halten es für möglich, dass beide, sowohl Proklos als auch Dionysos, wirklich existiert haben. Doch egal, wer nun das *Buch der Gründe* geschrieben haben mag, weltbewegende Enthüllungen finden sich nicht darin. Alle beide, wenn man so sagen darf, haben sich bemüht, den Neuplatonismus mit dem Christentum zu versöhnen, und alle beide betonen die Überlegenheit des «Einen» und die Transzendenz Jesu, ohne jedoch irgendetwas hinzuzufügen, was die Philosophie weitergebracht hätte. Kurzum, unter uns gesagt – alle Philosophielehrer mögen es mir nachsehen –, man könnte ihn/sie auch vergessen.

VIII

Boethius

Anicius Manilius Torquatus Severinus Boethius war das, was man üblicherweise einen waschechten Römer aus Rom nennt. Dort wurde er im Jahr 475 geboren[1], zu einer Zeit also, als in Italien nur noch die Goten mit ihren beiden Zweigen, den West- und den Ostgoten, herrschten. Kaum volljährig, heiratete er Rusticiana, eine Tochter von Symmachus, einem großen nichtchristlichen Redner, zog danach nach Athen, um Philosophie, jene wahre, zu studieren und kehrte schließlich nach Italien zurück, um die Politikerlaufbahn einzuschlagen. Dank seiner guten Beziehungen zum Ostgotenkönig Theoderich machte er rasch Karriere. Mit dreißig war er bereits Konsul, mit vierzig *Magister palatii* und mit fünfzig erster Minister. Leider endete das alles von einem auf den anderen Tag, und zwar auf Betreiben eines Schurken namens Cyprianus, des Anführers der progotischen Partei.

Cyprianus beschuldigte Boethius, dem Herrscher Theoderich zwei anonyme Briefe mit Drohungen und Verleumdungen gesandt zu haben. Vergeblich versuchte der Ärmste, sich zu verteidigen: «Die sind nicht von mir, ich schwöre es, die sind nicht von mir!», rief er, aber es war nichts zu machen. Die in Rom («fünfhunderttausend Schritt entfernt», um es mit seinen Worten zu sagen) residierenden Senatoren verurteilten ihn wegen Hochverrats, Zauberei und Spiritismus. Was nun Zauberei und Spiritismus mit der Sache zu tun haben, ist nie ganz geklärt wor-

[1] Manche sagen auch in Alexandria in Ägypten.

den. Jedenfalls sperrte man ihn in der Stadt Pavia in einen Turm ein, und nach einem Jahr Gefangenschaft vollstreckte man das Todesurteil. Man legte ihm einen Strang um die Schläfen und zog mit aller Macht zu, bis ihm die Augen aus den Höhlen traten. Immerhin hatte er die Ruhe und Abgeschiedenheit im Turm noch zum Schreiben seines Werkes *De consolatione philosophiae (Vom Trost der Philosophie)* nutzen können, ein absolutes Meisterwerk in fünf Büchern (in der Antike hießen Kapitel Bücher), das ihn im ganzen Mittelalter berühmt machte. Sein Leichnam ruht in der Kirche San Pietro in Ciel d'Oro in Pavia neben dem des heiligen Augustinus. Ich könnte mir vorstellen, dass sich nachts, wenn die Kirche leer ist, zwischen den beiden so manch ein interessanter Disput entwickelt.

Severinus Boethius könnte man auch als Sokrates des finsteren frühen Mittelalters bezeichnen, nicht zuletzt, weil er seine schönsten Werke alle in Gefangenschaft in Erwartung seines Todes geschrieben hat. Wie Sokrates vertrat er das Prinzip, wonach es nicht von Vorteil ist, ein schlechter Mensch zu sein. «Wer Böses tut», sagte er gern, «ist in erster Linie ein Dummkopf, denn guten Menschen geht es besser als schlechten!» Und er fügte hinzu. «Im Leben kommt es darauf an, Gutes zu tun: Alles andere ist bedeutungslos.» Im zweiten Buch von *De consolatione philosophiae* erklärt er uns, wie alles auf der Welt von der Liebe getragen wird:

Liebe ist es, die alles eint, über Länder herrscht, über Meere und den Himmel. Würde aber die Zügel sie lockern, geriete alles, was sich jetzt verträgt, in beständigen Kampf, und was jetzt noch Eintracht ist, würde Zerstörung werden.
O wie glücklich sind die Menschen, deren Herzen von der-

selben Liebe erfüllt ist, die auch den Himmel lenkt, die Länder und das Meer.[2]

Boethius verdanken wir die Übertragung verschiedener Werke von Aristoteles ins Lateinische. So übersetzte er das *Werkzeug*, die *Erste* und die *Zweite Analytik*, die *Topik* und andere. Dadurch und durch die dazugehörigen Kommentierungen könnte er der Erste gewesen sein, der die aristotelische Gedankenwelt einem größeren Kreis verständlich machte. Als christlicher Philosoph (aber unter der Oberfläche auch durchaus noch vom Glauben der Antike geprägt) versuchte er auf jede erdenkliche Weise, die beiden Religionen, jene der antiken Götterwelt sowie das Christentum, miteinander zu versöhnen. So schrieb er einmal sinngemäß: «Auch Homer glaubte an einen einzigen Gott und gab ihm lediglich verschiedene Namen, je nach dem Problem, das es gerade zu lösen galt. So ist Gott einmal Zeus, ein anderes Mal Ares, wieder ein anderes Mal Hephaistos.» Martin Grabmann bezeichnet Boethius als den «letzten Römer und ersten Scholastiker».

In seinem *Trost der Philosophie* legt er gleich mit einem Bekenntnis los.

Ich, der ich einst in fröhlichem Eifer Verse schuf, bin nun, ach, gezwungen, weinend Klageweisen anzustimmen.[3]

Dann fährt er mit der Erzählung eines Traums, ja einer Vision, fort:

[2] Vgl. Boethius, *Vom Trost der Philosophie*, 2. Buch
[3] Vgl. ebda., 1. Buch

Während ich die tränenreiche Klage niederschrieb, war mir, dass vor mir eine Frau erschien, von sehr verehrungswürdigem Aussehen mit funkelnden und ungewöhnlich durchdringenden Augen. Sie schien von frischer Farbe und unverbrauchten Kräften, obwohl sie doch in so vorgerücktem Alter stand, dass man keinesfalls eine Angehörige unseres Zeitalters in ihr sehen konnte. Sie war von nicht klar erkennbarem Wuchs, denn bald begnügte sie sich mit dem gewöhnlichen menschlichen Maß, bald aber schien sie mit dem Scheitel den Himmel zu berühren.[4]

Und wer war diese Frau? Natürlich keine Geringere als die Philosophie selbst. Kein junges Mädchen aber, kein Topmodel, sondern eine ältere Dame von auffälligem Äußeren. Ihr Gewand war kunstvoll gewebt, aber an mehreren Stellen zerrissen. «Es waren die Philosophen», erklärt Boethius, «die ihr mit ihren unaufhörlichen Auseinandersetzungen diese Risse zugefügt haben.» In den folgenden Versen gibt er uns weitere Auskünfte zu ihrem Gewand.

Unten, fast am Saum des Gewandes, erblickte ich die beiden griechischen Buchstaben Theta und Pi, die Initialen von Theorie und Praxis also, jene Extreme, zwischen denen sie sich noch heute windet.[5]

In der einen Hand einen Stapel Bücher, in der anderen ein Zepter, trat die Philosophie auf ihn zu, ließ sich neben ihm auf dem Rand der Pritsche nieder und sprach:

[4] Vgl. ebda., 1. Buch
[5] Vgl. ebda., 1. Buch

Bist du es, der du einst mit meiner Milch gesäugt und mit meiner Nahrung großgezogen die Kraft eines mannhaften Geistes erreicht hattest? Was ist bloß aus dir geworden? Hatte ich dir nicht unüberwindliche Waffen zur Verfügung gestellt, die dich immer beschützt hätten, wenn du sie nicht vorher weggeworfen hättest? Weshalb schweigst du nun und blickst mich an wie ein Esel, der einer Leier lauscht? Ist es Beschämung oder Betroffenheit, das dir die Kehle zuschnürt? Ich wünschte, es sei Beschämung, aber wie ich sehe, ist es Betroffenheit.[6]

Daraufhin beugt sich die Dame zu ihm vor und trocknet ihm mit einem Zipfel ihres Gewandes die Tränen in den Augen. Wie man sieht, ist die Philosophie Boethius herzlich zugetan.

Im zweiten Buch seiner *De consolatione* erklärt sie ihm, was das Glück sei. «Es gleicht einem Rad», sagt sie, «mal trägt es uns hinauf, mal zieht es uns hinab.» Doch er, Boethius, dürfe sich nicht beklagen, denn oft genug habe er als junger Mann auf dem Gipfel gestanden, auch wenn jetzt, mit zunehmendem Alter, die Tiefs häufiger geworden seien. Sie warnt ihn jedoch, Glück nicht mit Genuss zu verwechseln. «Der Weg zum Glück», legt sie dar, «führt nicht über den Schein, sondern nur über das Sein, nicht zuletzt, weil das *Summum bonum*, das wahre höchste Gut, eins ist mit Gott.»

Interessant im Folgenden Boethius' Unterscheidung zwischen Schicksal und Vorsehung:

Die Vorsehung ist jene göttliche Einsicht selbst, wie sie im obersten Herrscher aller Dinge, der alles ordnet, begründet

[6] Vgl. ebda., 1. Buch

ist. Das Schicksal hingegen ist nur die Bestimmung, die den wandelbaren Dingen des Lebens innewohnt.[7]

Und weiter:

Wie die Überlegung zur Einsicht, das Werdende zum Seienden, das Zeitliche zum Ewigen, der Kreis zum Mittelpunkt, so verhält sich der wandelbare Ablauf des Schicksals zur unwandelbaren Einheitlichkeit der Göttlichen Vorsehung.[8]

Was, weniger abgehoben ausgedrückt, bedeutet: Wenn uns etwas Gutes widerfährt, können wir Gott dankbar sein, bei einem Schicksalsschlag hingegen sollten wir auch das Schicksal dafür verantwortlich machen. Um zur Glückseligkeit zu gelangen, müssen wir uns über die menschlichen Angelegenheiten erheben und mit der göttlichen Sphäre in Kontakt treten. Zu diesem Thema trägt später auch Dante das Seine bei.[9] Alles, was geschieht, stellt der Dichter der *Göttlichen Komödie* klar, ist bereits im Angesicht Gottes vorgezeichnet. Das ändere aber nichts daran, dass über den Kurs des Schiffes immer noch der entscheidet, der am Steuer sitzt, weshalb man sich auch, wenn etwas schief laufe, über sich selbst ärgern soll, weil man das Schiff nicht richtig gesteuert hat, und nicht über Gott, der im Voraus darum wusste. Ich selbst jedoch hadere aus irgendeinem Grund immer mit Gott, egal, ob mir etwas gelingt oder daneben geht.

[7] Vgl. ebda., 4. Buch

[8] Vgl. ebda., 4. Buch

[9] Vgl. Dante, *Die Göttliche Komödie, Paradies*, 17. Gesang, Verse 37–42

Zusammenfassend können wir sagen, dass sich Boethius bemüht, den Glauben mit dem Zweifel zusammenzubringen, die Religion mit der Philosophie, das Sein mit der Essenz Gottes. Allerdings gelingt ihm das nicht immer. Da lässt sich leicht sagen *ipsum esse*, aber wenn man nicht zumindest ein klein wenig Glauben in sich trägt, wird man es niemals schaffen, an ein höheres Wesen zu glauben! Dennoch sollten wir uns auch nicht zu sehr vom Verstand leiten lassen. Zuweilen, meint Boethius, sei es ratsam, die Welt aus den Augen der Hoffnung zu betrachten und nicht aus denen der Vernunft. In diesem Zusammenhang zitiert er Aristoteles und schreibt: «Wenn wir uns Alkibiades anschauen, kommen wir nicht umhin, seine Schönheit zu bewundern, könnten wir jedoch in seine Eingeweide sehen, würden wir angewidert zurückschrecken.»

Jedenfalls überrascht es, dass sich ein christlicher Autor wie Boethius im Angesicht des Todes eher von der Philosophie Hilfe erwartet als von Gott. Vielleicht eifert er hier gar zu sehr Sokrates an seinem letzten Tag nach, so wie Phaidon ihn uns überliefert hat. Doch in Anbetracht der Tatsache, dass er seine Philosophie im Kerker schmachtend entwickelt, sieht man ihm das gerne nach.

IX

Die Scholastik

Für die Gelehrten der Renaissance war das Wort «Scholastik» fast ein Schimpfwort. Es stand für ein rückschrittliches, bigottes System, in dem den Schülern, gern auch mit der Peitsche, religiöse Lehrsätze eingetrichtert wurden. Dabei war das scholastische Erziehungswesen, zumindest in der ersten Zeit, eine der größten Leistungen Kaiser Karls des Großen. Im Jahr 782 beauftragte er einen Mönch seines Vertrauens, nämlich Alkuin von York, mit dem Aufbau einer dem kaiserlichen Hof angeschlossenen Akademie, der so genannten *Pfalzschule*. Bald schon entstanden an vielen Orten große und kleine *scholae*, die mehr oder weniger religiös ausgerichtet waren. Die Reichen ließen dort ihre Kinder unterrichten, und die Besten machten Karriere.

So entwickelte sich die Scholastik, also der erste ernsthafte Versuch, die Unwissenheit und den Aberglauben des Mittelalters zu überwinden. Doch was wurde in diesen Schulen eigentlich unterrichtet? Nun, in erster Linie die Lehrinhalte des *Triviums*, was nichts mit Trivialität zu tun hat, sondern die drei obligatorischen sprachlichen Fächer bezeichnet, nämlich Grammatik, Rhetorik und Dialektik. Später kamen dann noch die eher mathematischen Fächer des *Quadriviums* hinzu, also Arithmetik, Geometrie, Musik und Astronomie. Wie wir sehen, eine ähnliche Einteilung wie heutzutage beim naturwissenschaftlichen beziehungsweise humanistischen Gymnasium.

Bevor wir aber nun aus jedem Grashalm eine Wiese machen, müssen wir zwischen den drei verschiedenen Abschnitten der

Scholastik unterscheiden, der Frühscholastik, die mit Karl dem Großen im Jahr 782 begann und sich bis zum Ende des 11. Jahrhunderts fortsetzte, der Hochscholastik im 12. und 13. Jahrhundert und der Spätscholastik vom 14. bis zum Ende des 15. Jahrhunderts.

In der ersten Zeit lag die scholastische Ausbildung allein in der Hand von Mönchen und Geistlichen, die ihre ganze Aufmerksamkeit auf Inhalte legten, die irgendwie mit Religion zu tun hatten. Was darüber hinausging, vor allem Technisches, überließ man Privatschulen.

In der zweiten Phase verschmolzen die beiden Schultypen zu einem einzigen Studiengang. Solche Schulen konnten einer Pfarrei angeschlossen sein, einem Kloster, einem Bistum, einer Pfalzgrafschaft oder auch nur einem Marktflecken, je nachdem, wo der Unterricht abgehalten wurde.

Vom 12. Jahrhundert an begann dann die Menschheit mobiler zu werden, und in der Wirtschaft, die zuvor rein lokal und agrarisch ausgerichtet war, traten immer mehr, wie wir heute sagen würden, Marketinggesichtspunkte in den Vordergrund. Es entwickelten sich Handelsbeziehungen mit einem Warenaustausch auch zwischen Ländern, die zuweilen weit voneinander entfernt oder gar durch Meere getrennt waren. Die Scholastik hatte sich auf die Erfordernisse des Marktes einzustellen und ihr Interessengebiet zu erweitern. Dennoch entstand daraus der Gegensatz zwischen der *sapentia* (dem überkommenen Wissen der Mönche) und der *scientia* (der Wissenschaft der Gelehrten).

In der dritten Phase nun entstehen die ersten *Universitates*. Zu Beginn handelte es sich lediglich um private Zirkel, heute würden wir von Clubs sprechen, in denen Professoren und Studenten zusammenkamen, um in größerer Freiheit ihre Gedanken auszutauschen. Zu den ältesten Universitäten zählen die von Ravenna, Pavia, Bologna, Padua und meine geliebte «Federico II» in Neapel.

Eine Vorlesung bestand aus drei Teilen. Erstens der *lectio*, in der ein klassischer Text in vollkommener Stille vorgelesen wurde, zweitens der *quaestio*, in der zwei Schüler entgegengesetzte Standpunkte vertraten (der *opponens* und der *respondens*, die vom Magister selbst benannt wurden) und schließlich der *disputatio*, in der sich die Studenten zu Wort meldeten und alle Pro und Contras des Textes erörtert wurden. Nun sollte man aber nicht den Fehler machen, eine *disputatio* mit einer offenen Debatte zu verwechseln. Im Grunde war die *disputatio* nichts anderes als eine willkommene Gelegenheit für den Magister, das, was er zuvor vorgelesen hatte, noch einmal mit eigenen Worten genauer darzulegen. Wie um zu sagen: freier Meinungsaustausch, ja natürlich, aber nur in dem von mir gesteckten Rahmen.

Die Philosophie galt in der Frühscholastik als *ancilla theologiae*, also als eine Magd des Glaubens. Nein, nein, diese Definition stammt nicht von mir, sondern von dem schon erwähnten Petrus Damiani, einem eifernden Mönch, dem jeglicher Sinn für Humor abging und mit dem sich auch nicht vernünftig reden ließ. Seiner Überzeugung nach war dem Glauben stets und in allem Vorrang zu geben, wenn nicht, drohte die sofortige Exkommunizierung. Wollte man also weiterkommen, war es ratsam, diesen Grundsatz zu beherzigen. Das hatte schließlich zur Folge, dass nur die Wahl blieb, entweder dumm zu bleiben oder bigott zu werden.

In der Hochscholastik im 12. und 13. Jahrhundert begannen Glaube und Ratio auseinander zu driften, um dann in der Spätscholastik, hochgerüstet, gegeneinander anzutreten. Die Auseinandersetzungen zwischen den so genannten «Nominalisten» und «Realisten» wurden mancherorts dermaßen erbittert geführt, dass die Universitätsleitung gezwungen war, den Katheder durch ein Holzbrett zu teilen, um Handgreiflichkeiten zwischen den Rednern zu verhindern.[1]

Doch worin lag nun eigentlich der Unterschied zwischen dem Unterricht im antiken Griechenland und dem der Scholastik? Leicht gesagt: Zu Perikles Zeiten waren es weise Männer, die jeweils eine Gruppe Schüler um sich geschart hatten und so durch die Straßen Athens spazierten und über Gut und Böse dozierten. Die Schüler lauschten mit größter Aufmerksamkeit und unterbrachen nur hin und wieder ihren Lehrmeister, um eine Frage zu stellen. Üblicherweise gab es kein festes Thema. Man diskutierte aus dem Stegreif, und fast immer waren es die Schüler, die einen Gesprächsgegenstand vorschlugen. Man diskutierte über die Seele, die Liebe, das Sein, das Werden, die Gesetze und alles Mögliche mehr.

Wie schon mehrfach erzählt, bin ich selbst durch eine ähnliche Schule gegangen. Ich war gerade neunzehn geworden und besuchte die Vorlesungen des ersten Semesters in Ingenieurswissenschaften, als ich mir Professor Renato Caccioppoli, den berühmten neapolitanischen Mathematiker, zu meinem persönlichen Sokrates erwählte.[2] Zusammen mit drei Kommilitonen holte ich ihn morgens vor dem Palazzo Cellamare in der Via Chiaia ab und begleitete ihn zur Universität. Meist gingen wir zu Fuß, und nur bei Regen nahmen wir die Straßenbahn. Wenn wir so durch die Straßen spazierten, ging er einen Meter

[1] Vgl. Georg Wilhelm Friedrich Hegel, *Vorlesungen über die Geschichte der Philosophie*, III/1., Stuttgart 1975

[2] Wer mehr darüber wissen will, dem sei meine *Geschichte der griechischen Philosophie. Von Sokrates bis Plotin*, Zürich 1990, empfohlen.

vor uns her und redete, während wir ihm wie ein Schatten folgten und uns kein Wörtchen entgehen ließen. Wenn wir Einwände hatten, trugen wir sie völlig offen vor, und er erläuterte dann, ohne sich umzudrehen, noch einmal genauer seinen Gedankengang. Oder er sagte: «Schon gut, wie ihr meint. Aber jetzt gebt mir ein wenig Zeit, um darüber nachzudenken, und morgen früh bekommt ihr eure Antwort.» Und er vergaß nicht hinzuzufügen: «Aber denkt immer daran, Überlegungen nicht mit dem Herzen, sondern mit dem Kopf anzustellen.» Doch fast so, als wolle er sich selbst widerlegen, verübte er eines schlimmen Tages Selbstmord, und wir verloren ihn für immer. Er soll der Frau, die er liebte und die ihn verlassen hatte, gefolgt sein und beobachtet haben, wie sie mit ihrem neuen Geliebten ein Schiff nach Capri bestieg. Sicher ist, dass er, kaum wieder zu Hause, zu einer Waffe griff und sich mit einem Schuss in den Kopf tötete.

X

Johannes Scotus Eriugena

Zu den vielen Dingen, die ich im Bereich der Philosophie nie verstanden habe, zählt auch, warum man Johannes Scotus Eriugena überhaupt Scotus Eriugena nannte. Denn Scotus leitet sich von Schottland ab, Eriugena vom keltischen *Eriu* = Erin für Irland, und man fragt sich automatisch, was er nun tatsächlich war, Schotte oder Ire. Die einzige Erklärung wäre, dass im Jahr 810, als er zur Welt kam, Schottland und Irland ein Land darstellten. Doch egal, wo er nun das Licht der Welt erblickte, jedenfalls wurde er um 850 an den Hof des westfränkischen Königs Karls des Kahlen geholt, wo er in der dortigen Pfalzschule unterrichtete. Doch schauen wir uns nun direkt einmal an, was er so Bedeutsames schrieb, um sich diesen hervorragenden Platz in der Geschichte der mittelalterlichen Philosophie, den er zweifellos einnimmt, zu verdienen.

Für Scotus Eriugena können Glaube und Vernunft, da beide von einem Wesen geschaffen wurden, keine Gegensätze sein. Ob man nun an Gott glaubt, weil man seine Gegenwart (oder das Bedürfnis danach) im tiefsten Innern seiner Seele spürt, oder zum Beweis seiner Existenz mittels mehr oder weniger komplexer Überlegungen gelangt, immer steht am Ende das gleiche Ergebnis: Es gibt einen Schöpfer, der alles, was uns umgibt, errichtet hat. Eriugena wagte es aber, zumindest zu Beginn, die Vernunft eine Spur höher einzuschätzen als den Glauben. Seine These, dass die Philosophie nicht nur ein wichtiger Verbündeter des Glaubens, sondern sogar der schnellere

Weg zum Verständnis gewisser Dinge sein könne, brachte ihm, obwohl er sie nur einmal laut äußerte, Kritiken ohne Ende ein; und zwei Konzile, die von 855 und von 859, verurteilten ihn. Hätte er sich darauf beschränkt, «Geh, wohin dein Herz dich trägt» zu sagen, so wie eine berühmte Kollegin von mir ein paar Jährchen später, hätte er weit weniger Ärger bekommen.

Johannes Scotus Eriugena sagte ungefähr Folgendes: «Öffnet die Augen und schaut euch um: Seht ihr eine Welt, die wächst, die sich bewegt, die zu euch spricht, die euch reizt, müsst ihr auch zugeben, dass es jemanden gibt, auf den dies alles zurückgeht. Und dieser Jemand ist Gott, und Gott ist alles, was uns umgibt. Gott ist das Wasser, die Luft, die Erde, die Sterne, die Sonne, der Wind und der Löwe. Aber er ist auch die Wahrheit, die Güte, die Essenz, das Licht, die Gerechtigkeit und so weiter und so weiter.» Damit ist aber nun nicht eine Aufwertung der Natur auf Kosten des Glaubens gemeint, sondern Johannes Scotus fordert dazu auf, sich an die Natur zu wenden, damit sie uns helfe zu glauben.

Sicherheitshalber äußerte sich Johannes Scotus nach den Verurteilungen, wenn überhaupt möglich, noch zurückhaltender. «Ohne die Vernunft», sagte er, «ist der Glaube träger, aber ohne Glaube ist die Vernunft leer.» Dennoch fragen wir uns heute: Änderte er seine Meinung, weil er mit dem Rücken zur Wand stand oder weil er tatsächlich überzeugt war, dass der Glaube die höchste Tugend auf Erden sei. Sicher ist jedenfalls, dass einem zu jener Zeit im Gespräch nur ein zweifelndes «Vielleicht» herauszurutschen brauchte, um sich mächtig Ärger einzuhandeln.

In seinem Hauptwerk, *Über die Einteilung der Natur (De divisione naturae)*, unterscheidet Johannes Scotus Eriugena zwischen vier verschiedenen «Naturen», wobei er unter Natur das Ganze der Wirklichkeit einschließlich Gottes und der Geschöpfe versteht:

1. Die Natur, die schafft und nicht geschaffen ist, also Gott als der Ursprung aller Dinge.

2. Die geschaffene und schaffende Natur, also Jesus und das Wort, die geschaffen wurden, ihrerseits aber auch geschaffen, oder, genauer, einen Glauben verbreitet haben.

3. Die geschaffene und nicht schaffende Natur, also die Welt, die uns umgibt, in all ihren Daseinsformen menschlicher oder nicht menschlicher Art.

4. Die nicht geschaffene und nicht schaffende Natur als das Ende des kosmischen Prozesses, als ewiges Leben, wenn Gott alles in allem sein wird, in einer Welt, die wir erst noch kennen lernen werden. Aber das hoffentlich so spät wie möglich, möchte ich hinzufügen.

Der Mensch, stellt Johannes Scotus Eriugena klar, vereinigt in sich mehr als eine Natur. In der Kindheit gleicht er einem Engel, als Erwachsener ist er eher ein Tier, und im Alter stirbt er wie ein Wurm. Dazu möchte ich doch anmerken, dass ich die Sache grundsätzlich anders sehe. Offensichtlich beurteilt unser Philosoph den Menschen bloß nach seiner äußeren Erscheinung. Und trotz meiner mehr als siebzig Jahre fühle ich mich absolut nicht als Wurm, ganz im Gegenteil. Je älter ich werde, desto attraktiver fühle ich mich. Wenn ich mich mit dem jungen Kerl vergleiche, der ich mit achtzehn war, denke ich, ein besserer Mensch geworden zu sein, intelligenter, feinfühliger. So vergeht kein Tag, an dem ich mich nicht von irgendeiner Kleinigkeit anrühren lasse. Erst gestern habe ich noch mal Chaplins *Lichter der Großstadt* gesehen und am Ende in Tränen aufgelöst das Kino verlassen.

An anderer Stelle befasst sich Eriugena mit dem Problem der Sünde. Er schickt voraus, manche glaubten, Gott als Allmächtiger könne, wenn er nur wolle, dafür sorgen, dass kein Mensch mehr eine Sünde begeht. «Aber welchen Wert», gibt hier unser Philosoph zu bedenken, «hätte ein sündenfreies Leben ohne die Gelegenheit, sich immer wieder neu für oder gegen die Sünde zu entscheiden?»

In seiner Abhandlung *Über die göttliche Vorherbestimmung (De divina praedestinatione)* verteidigt Eriugena alle menschlichen Freiheiten einschließlich jener zur Sünde und erklärt wörtlich: «Es hätte keinen Sinn, etwas zu verbieten, was man gar nicht tun kann.» Zu diesem Problem gab es damals bereits eine endlose Kontroverse zwischen dem Mönch Gottschalk von Fulda und seinem direkten Vorgesetzten, Bischof Hinkmar von Reims. Ersterer vertrat das Prinzip, wonach alles, was auf der Welt geschehe, von unserem Herrn vorherbestimmt sei, wogegen Letzterer den freien Willen des Menschen betonte.

«Bereits vor unserer Geburt», sagte Gottschalk, «weiß Gott, ob wir einmal in den Himmel eingehen oder in die Hölle hinabfahren werden.»

«Keineswegs», antwortete Hinkmar, «ein jeder ist Herr über sein eigenes Schicksal.»

«Willst du damit etwa behaupten», ließ Gottschalk nicht locker, «dass Gott gewisse Dinge gar nicht weiß?»

«Nein, mein Lieber, er weiß sie schon», erwiderte Hinkmar, «aber er hat sie nicht so gewählt. Gott beschränkt sich darauf, sie im Voraus zu kennen.»

In dieser Debatte wählte Johannes Scotus Eriugena eine mittlere Position. Dazu teilte er die Menschheit in zwei Gruppen ein: auf der einen Seite die Erwählten, auf der anderen die Bösewichte. Über die Zukunft Ersterer, sagte er, habe Gott bereits entschieden: Sie würden ihr Leben ohne Sünde hinter sich bringen und danach in den Himmel kommen. Aber auch für Letztere gebe es immer noch ein Fünkchen Hoffnung. Sie hätten die Möglichkeit, ihre Taten zu bereuen und zu beichten. Als Sünder geboren zu werden, war für Scotus Eriugena also kein unwiderrufliches Urteil. Jedem Menschen stehe es frei, sich jederzeit, auch noch im Angesicht des Todes, dem Kreis der Erwählten anzuschließen. Und die Tatsache, dass Gott im Voraus darum wisse, stelle nicht per se eine Konditionierung dar.

Johannes wurde von einem seiner Schüler vor seiner Schule ermordet. Aus welchem Grund, weiß man nicht genau. Ich könnte mir aber denken, weil er seine Zöglinge zu lange mit seiner Theorie von den verschiedenen Naturen des Menschen gequält hatte. Manche berichten aber auch, der König selbst habe die Ermordung in Auftrag gegeben, und zwar weil er sich durch eine unglückliche Äußerung beleidigt fühlte, die dem Philosophen während eines Gastmahls herausgerutscht war. Es heißt, die beiden hätten die Enden der langen Tafel eingenommen. Scotus habe ordentlich dem Wein zugesprochen und währenddessen immer wieder die Gäste des Herrschers mit kniffeligen Fragen in Verlegenheit gebracht. Am Ende des Mahls fragte ihn Karl der Kahle: «Welcher Unterschied besteht zwischen einem Dummkopf und einem Scotus?», und er überlegte nicht lange und antwortete: «Die Länge dieses Tisches, Sire.» Am Tag darauf wurde er in der Nähe seiner Schule mit einem Messer im Rücken aufgefunden.

XI

Avicenna

Zu jener Zeit nun wechselt das Zepter des philosophischen Denkens aus der Hand der Christen in die der Moslems über. Wenn ich hier von Moslems spreche, beziehe ich mich damit natürlich nicht auf jene Bilder, die wir alle in letzter Zeit im Fernsehen gesehen haben, also die Taliban mit ihren Turbanen und den kilometerlangen Bärten, sondern auf eine Gruppe von Gelehrten, die zwischen dem 9. und 12. Jahrhundert n. Chr. lebten. Man darf nie vergessen, dass es im Islam immer schon große Denker gab und noch gibt, die unsere ganze Anerkennung verdient haben.

Um das Jahr 1000 entstand aber nun, ähnlich der Auseinandersetzung zwischen Christentum und Philosophie zu Konstantins Zeiten Anfang des 4. Jahrhunderts, ein Konflikt gewaltigen Ausmaßes zwischen der islamischen Religion auf der einen und der Vernunft auf der anderen Seite. Eine größere Schar mehr oder weniger bedeutender Philosophen, wie Al-Masarrah, Al-Kindi, Al-Farabi Al-Ghazzali, Avicenna und Averroes, waren unablässig mit dem Versuch beschäftigt, das Denken des Aristoteles mit dem Koran in Einklang zu bringen. Und damit hatten sie ihre liebe Mühe.

Avicenna, auch Ibn Sina genannt (980–1037), war ein in seinem Umfeld hochgeachteter Arzt. Nicht zufällig verfasste er später auch ein Werk mit dem Titel *Buch der Heilung*. Als gerade mal siebzehnjähriger junger Mann erstand er mehr zufällig die *Metaphysik* des Aristoteles und war erschüttert. In seiner Autobiographie gestand er später: «Ich las sie mehr als vierzig Male und verstand gar nichts. Das kann nicht sein, sagte ich mir, irgendetwas muss ich doch verstehen! Und so schwitzte und brütete ich so lange über den Seiten, bis ich schließlich einen logischen Faden darin entdecken konnte.»

Aber zu welchen Gedanken hat Avicenna nun seine Aristoteles-Lektüre inspiriert? Nun, zunächst einmal, dass das Sein in jedem Fall existiert, und um zu dieser Erkenntnis zu gelangen, stellte er folgende Überlegung an: Die Schöpfung verlangt einen Schöpfer (und bis hierher sind wir wohl alle noch einverstanden), aber genauso umgekehrt brauche der Schöpfer, um sich als solcher zu fühlen, auch eine Schöpfung, denn was wäre er sonst auch schon für ein Schöpfer. Selbstverständlich drückt Avicenna das nicht so simpel, sondern mit viel gewählteren Worten aus. Aber es kommt noch besser. Da er nun auf diese Weise die Notwendigkeit der Existenz eines Schöpfers bewiesen hat, fährt er in seinem Gedankengang fort: «Die Notwendigkeit des Seins muss, da sie gespürt wird, auch existieren, und sie könnte nicht nicht existieren oder auf eine andere Weise existieren, wenn sie nicht tatsächlich existieren würde.» Anders ausgedrückt: «Die natürlichen Dinge sind notwendig, und da sie notwendig sind, entstehen sie aus einem Prozess, der als logische Voraussetzung die Notwendigkeit hat, wobei mit Notwendigkeit die Existenz Gottes gemeint ist.» Man möge es mir nachsehen, aber klarer kann ich es auch nicht formulieren. Wenn Ihnen das zu verworren ist, machen Sie bitte nicht mich, sondern Avicenna dafür verantwortlich.

Leider war aber nun unser Philosoph nicht nur Arzt, sondern auch Astrologe, und das bringt ihn auf Gedanken, die mit Aristoteles nun überhaupt nichts mehr zu tun haben. Würde der Mensch, sagt der Astrologe Avicenna, den Lauf der Sterne ganz genau kennen, könnte er seine Zukunft mit größter Genauigkeit vorhersagen. Alles hänge von der bestehenden Diskrepanz ab, führt er weiter aus, zwischen dem, was möglich, und dem, was notwendig ist. Die angenehmen Dinge seien nicht immer möglich, die unangenehmen hingegen notwendig, Gott allein weiß, warum, und ließen sich nicht vermeiden. Damit müsse man sich eben abfinden.

Ausführlich beschäftigte sich Avicenna auch mit der Unsterblichkeit der Seele. Seiner Ansicht nach haben wir alle nicht nur eine Seele, sondern gar zwei. Die eine, auch «passive Seele» genannt, ist von minderer Qualität. Sie braucht einen Körper, um existieren zu können, und kann nur auf eine Wiedergeburt hoffen. Die andere, «aktive Seele» genannt, ist von höherer Qualität und gelangt, wenn wir unser Leben aushauchen, zusammen mit allen anderen erwählten Seelen ohne Umwege direkt in den «Geist Gottes». Um es noch genauer zu sagen: Avicenna zufolge ist jeder von uns ein Individuum mit einem Körper und zwei Seelen. Aber nur die Erwählten können darauf bauen, eines Tages auf direktem Weg in den Geist Allahs einzugehen. Nun, damit das klar ist, mir behagt keine der beiden Zukunftsaussichten, weder die Wiedergeburt noch das Leben im Geist Allahs.

Was die erste Perspektive betrifft, die für die Seelen minderer Qualität, muss ich gestehen, dass ich noch nie an Wiedergeburt geglaubt habe. Was macht es für einen Sinn, frage ich mich, vor fünf Jahrhunderten Leonardo da Vinci gewesen zu sein, wenn man sich später nicht mehr daran erinnern kann. Hinsichtlich der Aussicht aber, einmal im Geist Allahs zu enden, kann ich nur sagen, dass ich mich zwar durch das Angebot geehrt fühle, aber furchtbare Angst vor der Langeweile habe. Man stelle sich vor, bis in alle Ewigkeit mit unzähligen anderen, übereinander gestapelten Seelen zusammenleben zu müssen und nichts, aber auch gar nichts zu tun zu haben. Noch nicht mal umbringen kann man sich mehr – nein, das würde mich wirklich zu Tode langweilen. O Gott, ich habe gerade «Tod» geschrieben?! Offenbar habe ich Avicenna nicht richtig verstanden.

Nun wäre es eigentlich an der Zeit, auf die Universalien zu sprechen zu kommen. Aber wie ich bereits in der Einleitung erwähnte, ist kein anderes philosophisches Thema so langatmig wie diese Geschichte mit den Universalien. Warum sich so viele Gelehrte darauf gestürzt haben, ist mir immer noch ein Rätsel. Vielleicht ging es ihnen nur darum, ihre dialektischen Fähigkeiten unter Beweis stellen zu können.

Der Erste, der die Sache zur Sprache brachte, war Porphyrios von Tyros in seiner «Einleitung» zu den Kategorien des Aristoteles, *Eisagoge* genannt. Aber um der Wahrheit die Ehre zu geben, war der Erfinder der Universalien eigentlich Platon, der sie in seinem Höhlengleichnis im Gewand von Ideen aufmarschieren lässt. An dieser Stelle jedoch wollen wir uns mit Avicennas Haltung in dem Streit befassen. Worum geht es? Ich will es an einem Beispiel erläutern: Ich bin ein Lebewesen, genauer gesagt ein Mensch, aber auch ein Zweifüßer mit heller Haut und blauen Augen, in Italien geboren, und zwar in Neapel, und so komme ich nach und nach, indem ich das Feld immer mehr eingrenze, zu detaillierteren Informationen über mich, wie groß ich bin, wie schwer, wie alt und oder wie erträglich. Praktisch bin ich also von allgemeinen (universalen) Eigenschaften ausgegangen und zu immer individuelleren gelangt. Bliebe allerdings zu definieren, bis zu welchem Punkt sich eine Aussage mit dem Titel «universal» schmücken darf und ab wann sie nur «individuell» zu nennen ist. Aber wozu eigentlich der ganz Aufwand? Natürlich, um zu beweisen, dass es den Einen (groß geschrieben) gibt, der sich die Universalien zunächst ausgedacht und dann erst in uns angelegt hat.

Bevor Allah das Pferd schuf, sagt Avicenna, hatte er schon die Idee des Pferdes im Kopf. Mithin gebe es also so etwas wie eine «Pferdhaftigkeit», das heißt Eigenschaften, die allen Pferden gemein sind und die sich auch in unserem Gehirn befinden und uns jedesmal, wenn wir ein Pferd sehen, ausrufen lassen: «Das muss ein Pferd sein!» Mathematisch gesprochen würde es sich bei der «Pferdhaftigkeit» um das kleinste gemeinsame Vielfache aller Pferde handeln. Aber das ist noch nicht alles: Genauer betrachtet, gibt es keine zwei Individuen, die sich vollkommen gleichen. Auch keine Zwillinge. Meine Freundin Isabella Rossellini zum Beispiel hat eine Zwillingsschwester, mit der sie fast nichts gemein hat, weder vom Aussehen noch vom Charakter her. Und auch Kain und Abel waren, wie wir uns erinnern, ziemlich verschieden, vielleicht nicht von der äußeren Erscheinung her, sicher aber in ihrem Verhalten. Dennoch gibt es genügend Merkmale, die sie teilten.

Avicenna, um die Sache zum Abschluss zu bringen, erklärt uns das Böse auf dieser Welt, ohne es auch nur irgendwie dem Herrgott zur Last zu legen.

> *Gott hat sich darauf beschränkt, den Auftakt zu geben. Es ist nicht seine Schuld, wenn sich die Welt nun zuweilen so dreht, wie sie will. Wir sind es, die mehr auf der Hut sein müssen.*

XII

Die Jahrtausendwende

In der Johannesoffenbarung heißt es im zwanzigsten Kapitel:

Und ich sah einen Engel niederfahren vom Himmel, der hatte den Schlüssel des Abgrundes und eine große Kette in seiner Hand.
Und er fasste den Drachen, die alte Schlange, welche ist der Teufel und Satan, und fesselte ihn auf tausend Jahre.
Und er warf ihn in den Abgrund, und verschloss und versiegelte über ihm, dass er nicht mehr verführe die Völker, bis tausend Jahre vollendet wären; und danach muss er losgelassen werden auf eine kurze Zeit.

Aus diesen wenigen Versen des Evangelisten Johannes entstand eine Psychose, als «Chiliasmus» bekannt, die die ganze Menschheit erschütterte. Gläubige und Nichtgläubige erlebten die letzten Tage des 10. Jahrhunderts, wie man es sich schlimmer nicht vorstellen kann. Angeblich – denn zu dem Thema gibt es zwei Versionen, die einander widersprechen, aber beide glaubhaft sind. Aber gehen wir der Sache in Ruhe auf den Grund.

Erste Version

Der erste Januar des zweiten Jahrtausends steht vor der Tür. Die ganze Menschheit bebt vor Angst. «Tausend und nicht mehr als tausend» rufen die Prediger von den Kanzeln und versuchen einander beim Ausmalen der Schrecken des Weltuntergangs zu übertreffen: Zum Inventar gehören der Tod als Sensenmann, die apokalyptischen Reiter mit ihren Posaunen, außer Rand und Band geratene Heuschreckenschwärme, grüne Pferde, Ungeheuer von anderen Sternen, Schlünde, die sich vor den Sündern auftun, gigantische Fliegen, die die Sterbenden umschwirren, haushohe Flammen, die die Menschen verschlucken, Verdammte, die verglühen und, um ihr Leid zu vergrößern, nie ganz verbrennen. Kurzum, ein Inferno, schlimmer noch als die Hölle. Und als wenn das noch nicht genug wäre, tritt auch noch der Antichrist auf.

Johannes gibt wirklich alles, um uns Angst zu machen, und kündigt im 13. Kapitel an:

> *Und ich sah aus dem Meer ein Tier aufsteigen, das hatte sieben Köpfe und zehn Hörner, und auf seinen Hörnern zehn Kronen, und auf seinen Köpfen Namen der Lästerung.*
> *Und das Tier, das ich sah, war einem Panther gleich, seine Füße wie Bärenfüße, und sein Mund wie ein Löwenmund.*
> *(...)*
> *Und die Menschen beteten das Tier an und riefen im Chor: «Wer ist dem Tiere gleich, und wer kann mit ihm streiten?»*

Auch wenn Apokalypse eigentlich nicht «Katastrophe», sondern «Offenbarung» bedeutet, scheint die Menschheit nie so lammfromm gewesen zu sein wie in den letzten Tagen des Jahres 1000. In den Kirchen drängten sich die Gläubigen, die Priester tönten von den Kanzeln, vor den Beichtstühlen standen die Sünder Schlange, die Geschäfte der Bußgürtelverkäufer blühten, die Reichen schenkten den Armen ihre kostbaren Gewänder, die Gesunden pflegten die Kranken, Mord und Totschlag gab es nicht mehr, und die Kriminalitätsrate sank praktisch auf Null. In der letzten Nacht knieten alle nieder, um zu beten. Die Straßen und Plätze füllten sich mit Menschen. Sie blickten zum Himmel auf und bekreuzigten sich. Es soll ein schöner Abend gewesen sein; der Mond schien so hell wie nie zuvor und niemand, aber auch wirklich niemand, kam auf die Idee, sich unkeuschem Tun hinzugeben.

So rutschte man in das Jahr 1001 hinüber, und allerorten begann man, Gott sei Dank, wieder mit unkeuschem Tun, genauso eifrig oder eifriger noch als zuvor. Besonders schön in diesem Zusammenhang der Kommentar von Giosuè Carducci: «Wer vermag sich die Freude vorzustellen, die alle ergriff, als am ersten Tag des zweiten Jahrtausends die Sonne aufging?!»

Zweite Version

Es geschah überhaupt nichts. Der Großteil der Menschen wusste noch nicht einmal, in welchem Jahr man lebte, nicht zuletzt, weil die Datierungssysteme so stark voneinander abwichen. In einem Land befand man sich noch im Jahr 997, in einem anderen bereits im Jahr 1001 und in einem dritten gar schon im Jahr 1003. Seltsam?!

Nein, eigentlich nicht, denn in Wahrheit ist es gar nicht so leicht zu wissen, in welchem Jahr man lebt. Wir selbst wissen es ja auch nicht genau. Wenn es stimmt, dass Herodes im Jahr

4 v. Chr. gestorben ist (weswegen er dann auch nicht den so genannten «bethlehemischen Kindermord» vier Jahre nach seinem Tod veranlasst haben könnte), und wenn es ebenso stimmt, dass in der Berechnung der exakten Dauer eines Sonnenjahres sowohl von Dionysius Exiguus im 6. Jahrhundert als auch von Luigi Lilio, dem führenden Gelehrten bei der Kalenderreform Papst Gregors XIII., im 16. Jahrhundert entscheidende Fehler gemacht wurden, ist Jesus nicht im Jahr Null geboren, wie man gemeinhin annimmt, sondern (frühestens) im Jahr 6 v. Chr. Und deswegen würden wir heute auch nicht im Jahr 2002 leben, sondern im Jahr 2008, zum Leidwesen all jener Leute, die am 31. Dezember 2000 Punkt Mitternacht ihre Böller abschossen und sich gerührt in die Arme fielen, um den Beginn des dritten Jahrtausends zu feiern.

Kurzum, zu jener Zeit waren die Leute völlig ahnungslos, und sogar in der Bibel war zu lesen, dass noch nicht einmal Jesus den genauen Zeitpunkt des Jüngsten Tages kenne. Doch egal wie, auf alle Fälle machten die Zauberer, Wahrsager und Astrologen, nachdem die große Angst überwunden war, da weiter, wo sie zuvor aufgehört hatten, das heißt, sie lieferten Horoskope und Vorhersagen für Leute schlichteren Gemüts, ganz ähnlich, wie wir es auch heute noch im Fernsehen, in Zeitungen und einschlägigen Illustrierten verfolgen können.

Dieser zweiten Version nach wäre folglich die ganze Panik vor der Jahrtausendwende nichts weiter als eine romantische Erfindung einiger Dichter des 19. Jahrhunderts gewesen.

Aus einem Buch von Chiara Frugoni Settis mit dem Titel «Träume und Alpträume vom Weltuntergang»[1], erfahren wir, dass ein gewisser Abbone, Abt eines Klosters beim heutigen

[1] Vgl. Chiara Frugoni Settis, *Sogni e incubi della fine del mondo*, Mailand 1994 (liegt nicht in deutscher Übersetzung vor, Anm. d. Übers.)

Saint-Benoît-sur-Loire, alles versuchte, um die Schäfchen seiner Gemeinde zu beruhigen. Doch ohne Erfolg. Der Slogan «Tausend und nicht mehr als tausend» sei zu schlagkräftig gewesen. In Massen seien Einfältige wie Skeptische darauf hereingefallen, und mehr als einmal drohte Don Abbone gelyncht zu werden, als Verführer, den der Satan geschickt habe, damit so viele Menschen wie möglich ohne Beichte in Sünde sterben würden. Wie man sieht, alles Anzeichen einer Massenhysterie, und das in einer Zeit, als es noch keine Presse, kein Fernsehen oder Radio gab, die heutzutage solche Phänomene, wie beim Terrorismus, zu schüren verstehen.

Ungewöhnliche Vorkommnisse trugen dazu bei, die Furcht vor dem Weltuntergang zu steigern. Ein gewisser Sigisbert von Glemboux erzählt von einer Reihe übler Vorzeichen, von Kometen, Erdbeben, Orkanen und anderen Naturkatastrophen.[2] Weiter lesen wir bei ihm, dass einige Jahre vor dem mutmaßlichen Weltuntergang der Vesuv bei Neapel ungeheure Mengen an Asche und glühendem Vulkangestein ausgespien habe und ganze Städte darunter begraben wurden. Kurze Zeit später seien fast alle Städte Galliens und Italiens, einschließlich Roms, von Feuersbrünsten mysteriöser Herkunft verheert worden. Sogar die Pfeiler von Sankt Peter hätten Feuer gefangen, und die Gläubigen seien in Massen zum Grab des Heiligen geströmt, um seine Hilfe zu erflehen. Was lag unter solchen Umständen näher, als an einen Satan zu glauben, der begonnen habe, sich von seinen Ketten zu befreien.

Einwände gegen diese Panik vor dem Jahrtausendwechsel, dem so genannten Chiliasmus, kamen, wie nicht anders zu er-

[2] Vgl. Rodulfus Glaber, *Chronik des Jahres tausend.*

warten, von einigen Skeptikern. «Wie kann es sein», so fragten sie sich, «dass Gott nicht in der Lage sein soll, den Satan zu überwinden? Vernichtet er ihn nicht, weil er ihn aus irgendeinem Grund schonen will oder weil er ihm unterlegen ist?» Zwei mögliche Antworten, die beide wenig beruhigend wirkten. Doch sie fanden eine dritte. Gott bediene sich des Satans, so sagten sie, um die Menschen für ihre Sünden zu bestrafen.

Auch hinsichtlich des Satans, seiner Gestalt und seines Tuns, gab es die unterschiedlichsten Vorstellungen. Gemeinhin stellt man ihn sich nackt mit roter Haut, Hörnern und Schwanz vor. Der Evangelist Johannes hingegen beschreibt ihn uns als den «großen Drachen, die alte Schlange, welcher ist der Teufel und Satan, der mit seinen treuen Engeln abbringt vom rechten Weg die Gläubigen». Von roter Haut und Hörner ist hier also keine Rede, aber dafür habe der Satan als Helfer Wesen, die den Engeln in allem glichen. Und unter diesen, erklärt Johannes, solle auch eine Frau sein: «Sie heißt Jezabel, gibt sich als Prophetin aus, verführt die Menschen und verleitet sie zur Unzucht. Mehr als einmal bin ich selbst ihr begegnet.»

Der Anführer der Chiliasten in Rom war ein Zisterziensermönch namens Anselmo. Im Grunde war er wahnsinnig. Halbnackt zog er durch die Straßen und geißelte sich mit einer verrosteten Eisenkette. Tausende von Gläubigen sammelte er um sich und forderte sie zur Buße auf.

«Bittet Gott um Vergebung, solange es noch Zeit ist!», schrie Anselmo. «Schenkt all eure Habe den Armen! Vergebt denen, die euch beleidigt haben! Küsst die Füße eurer Feinde! Beichtet und tut Buße, bevor es zu spät ist! Der Herr erwartet euch!»

Nicht zu vergessen unter all den Verkündern des Todes ein weiterer Mönch, ein gewisser Montanus, Anführer der Sekte der «Montanisten», der bereits im 2. Jahrhundert n. Chr. den Weltuntergang in allen Einzelheiten beschrieben hatte. Seinen Worten nach würde in der Ebene von Pepuza ein zweites Jerusalem vom Himmel herabkommen, eine Stadt der Reinheit, in die alle Menschen reinen Herzens würden Eingang finden können. Diese Stadt erscheine nur für kurze Zeit im Morgengrauen und würde sich mit den ersten Sonnenstrahlen auflösen. Wenn Montanus sprach, wurde er regelmäßig von epileptischen Anfällen gepackt. Zur Seite standen ihm zwei Beginen, Prisca und Massimilla, die seine kaum verständlichen Worte übersetzten.

Schließlich trat vor dem letzten Tag auch ein Neapolitaner auf, ein gewisser Cannata, auch *o nano curto e male 'ncavato* («der kurze, verwachsene Zwerg») genannt, ein angeblicher Wahrsager, kaum mehr als einen Meter groß, der die Theorie verfocht, nur ganze zwei Orte auf Erden wären beim Weltuntergang sicher, und zwar eine Grotte bei Capri und eine Höhle, oder vielmehr ein Loch, beim Capo Miseno.

«An die Höhle der Sibylle nicht weit vom Capo Miseno», erklärte Cannata, «schließt sich eine weitere Höhle an und an diese eine noch kleinere, in die nur ich gelangen kann. Darin befindet sich eine kleine Madonnenstatue. Vertraut mir eure Habe an, und ich werde sie dort der Heiligen Jungfrau zu Füßen legen. Ihr aber sollt in jener Nacht ein Boot besteigen und zur Cala del Rio im Süden der Insel Capri segeln. Dort findet ihre eine kleine Grotte, die nur vom Meer aus zu erreichen ist. All jene, die keine Juwelen, kein Geld und keine sonstigen Dinge von Wert bei sich tragen, werden dort überleben können. Am Tag darauf kehret nach Neapel zurück. Dort werdet ihr eure Schätze zurückerhalten.»

Es erübrigt sich wohl hinzuzufügen, dass sich der «kurze, verwachsene Zwerg», kaum dass «der Weltuntergang» begonnen hatte, mit allen Juwelen, die man ihm anvertraut hatte, aus dem Staub machte.

XIII

Aimone

Zu Beginn des Jahres 1000 soll in Salerno eine Ketzerlehre entstanden sein, die Duplizismus genannt wurde. Hauptvertreter dieser Lehre war ein gewisser Aimone, ein exkommunizierter Mönch, der auch die Beinamen Duplizist, Salentino oder einfach Magister trug. Dieser Aimone war ein Mann von imponierender Gestalt und seine Körpergröße von einem Meter neunzig für damalige Verhältnisse mehr als ungewöhnlich. Wenn man ihn deswegen neckte und ihm die Worte «*Aimon, Aimon, homo longus raro sapiens!*» («Aimone, Aimone, großer Mann und selten weise») nachrief, antwortete er: «*Sed si sapiens, sapientissimus*» («Aber wenn er weise ist, ist er sehr weise»).

In allen möglichen Philosophiegeschichten zum Mittelalter habe ich nachgeforscht, ihn aber nirgendwo finden können. Als Erster (und Einziger) von ihm erzählt hat mir ein pensionierter Philosophielehrer, ein gewisser Ermete Calogero, dem ich zufällig im Stadion beim Spiel Neapel gegen Salerno, das Neapel durch einen Elfmeter in der letzten Minute gewann, begegnete. Wutentbrannt verließ der Mann, ein eingefleischter Salernofan, das Stadion, und als er hörte, dass auch ich mich für Philosophie interessierte, wollte er auf der Stelle Genugtuung. Denn er hasste Neapel, und nicht nur die Fußballmannschaft dieser Stadt, und das in einem Maß, dass er auf ein großes Comeback des Vesuvs hoffte.

«Ihr Neapolitaner», sagte er zu mir, «habt überhaupt keine Ahnung von der Bedeutung der salernitanischen Scholastik. Dagegen war die neapolitanische Scholastik der reinste Dreck!

Wer im Mittelalter etwas auf dem Gebiet der Philosophie oder der Medizin lernen wollte, musste schon zu uns nach Salerno kommen. Ein großer Mediziner war zum Beispiel Costantino l'Africano, der um das Jahr 1060 alle Schriften von Hippokrates und Galenus ins Lateinische übersetzte. In der Philosophie hingegen hatten wir den göttlichen Aimone!»

Im Folgenden nun die Geschichte Aimones, so wie sie Professor Calogero erzählte.

Offenbar zeigten sich bei dem Duplizisten, nachdem er mehr als zwanzig Jahre lang die Fächer des Triviums und des Quadriviums unterrichtet hatte, die ersten Anzeichen einer geistigen Verwirrung, wodurch er sich den Zorn des Bischofs von Neapel zuzog. Seine Irrlehre bestand darin, dass er nicht an den einen Gott glaubte, sondern gleich an zwei, genauer, an zwei Brüder. So gab es der Überzeugung des Magisters nach im Himmel nicht einen, sondern zwei Schöpfer, beide allmächtig und beide ewig. Nun sollte man aber nicht den Fehler machen, den Duplizismus Aimones und seine Verehrung der «Zwei» mit dem Dualismus von Gut und Böse, wie ihn die Manichäer predigten, zu verwechseln. Der Duplizismus war Ausdruck der Vorstellung, dass die Zukunft immer ungewiss sei und die Wahl zwischen dem richtigen und dem falschen Weg immer bei uns selbst und sonst niemandem liege. Nach Aimones Ansicht waren die Gläubigen jederzeit so frei, sich je nach dem, wie ihnen gerade zumute war, für den einen oder den anderen Gott zu entscheiden. Eine Entscheidung also, die mehr der Intuition als dem Glauben entsprang.

Eine Zahl zum Symbol für ein Credo zu erheben, war eigentlich ein alter Hut. Angefangen bei Parmenides, der an das «Eine» glaubte, so als handle es sich um eine echte Gottheit, über die «Zwei» Manis, die «Drei» der Heiligen Dreifaltigkeit bis zu der «Vier» Rodulfus Glabers, auf den ich hier kurz näher eingehen will.

Rodulfus vertrat die Ansicht, alles Wichtige trete im Leben vierfach auf.[1] Er wies hin auf die vier Evangelisten (Lukas, Markus, Matthäus und Johannes), die vier Elemente (Luft, Wasser, Erde, Feuer), die vier Flüsse, die im Garten Eden entspringen (Pison, Gihon, Euphrat und Tigris) und die vier Sinne (den Gesichtssinn, den Geschmackssinn, das Gehör und den Geruchssinn). Den Tastsinn schloss er aus, weil er Quelle der Sünde sei.

Soviel ich weiß, hat aber noch niemand die Null zu seinem religiösen Symbol erkoren, abgesehen von einigen wenigen russischen Nihilisten vielleicht, die für *Väter und Söhne* schwärmten, jenen Roman von Turgenjew, in dem die Hauptperson, ein gewisser Evgenij Bazarov, die Null anbetet. Doch kehren wir nun zu Aimone und seiner geliebten «Zwei» zurück.

Die Sache mit dem freien menschlichen Willen, den Aimone betonte, war für Katholiken schon immer ein Problem. Ohnehin wird die Idee eines Schicksals nicht von jedermann geteilt. So glauben nicht religiös eingestellte Menschen eher an den Zufall als an eine Notwendigkeit[2], wenn nicht sogar an eine Zuteilung entgegengesetzter Schicksale.[3]

Welche Schuld trifft Judas noch, so fragt sich manch einer, wenn Gott bereits im Voraus entschieden hat, dass den erfor-

[1] Vgl. Rodulfus Glaber, *Chronik des Jahres tausend*

[2] Die Notwendigkeit, auch *Ananke* genannt, war für die Griechen die Göttin des Schicksals.

[3] Um mehr darüber zu erfahren, sei auf das Buch von Jacques Monod verwiesen, *Zufall und Notwendigkeit*, München 1982.

derlichen Verrat für dreißig Silberlinge eben Judas Iskarioth begehen müsse? Konnte er, der kleine Apostel, sich einem Plan von so unvorstellbaren Konsequenzen widersetzen?

Sollte ich den Apostel im Jenseits treffen, werde ich ihn fragen: «Ciao, Judas, wie geht's denn so?»

«Gut, gut, und Ihnen?»

«Auch gut, danke ... Aber hören Sie mal, ich würde zu gern wissen, wie und warum Sie eigentlich in der Hölle gelandet sind.»

«Das würde ich selbst gern wissen. Und soll ich Ihnen mal was verraten? Das frage ich mich schon, seit ich hier bin. Sogar umgebracht habe ich mich, um auf die Tatsache aufmerksam zu machen, dass ich mit dem Verrat nicht einverstanden war. Meiner Ansicht nach hätte ich ins Fegefeuer gehört, um mich später dann, nach vielleicht tausend Jahren, zu den anderen Aposteln gesellen zu dürfen. In Wahrheit war es doch so, dass die hier oben einfach jemanden brauchten, der die Rolle des Verräters übernimmt, und unglücklicherweise ist ihre Wahl dabei auf mich gefallen. Manchmal denke ich, ich hätte sogar einen Preis verdient, so etwas wie einen himmlischen Oscar für die schauspielerische Leistung, mit der ich die Sache zum erwünschten Ende geführt habe. Denn einfach war das wirklich nicht, was ich getan habe!»

Doch nach Professor Calogero war alles allein Judas' Schuld.

«Es gab nicht nur eins, sondern zwei Drehbücher», sagte er zu mir, «das erste von Gott ‹Eins› verfasst, das zweite von Gott ‹Zwei›. Und es war Judas, der das Drehbuch wählte, das ihm mehr entsprach.»

«Dann kehren wir also zur Schwarzweißmalerei zurück, zur Aufteilung der Welt in Gut und Böse wie zu den Zeiten der Manichäer», entgegnete ich.

«Nein, so kann ich das nicht stehen lassen», antwortete Calogero. «Denn manchmal ist es Gott ‹Eins›, der das bessere Schicksal anbietet, manchmal Gott ‹Zwei›, doch letztendlich ist es immer der Mensch, der eins von beiden wählt. Für die Griechen war das Leben eine unendliche Kette von Weggabelungen, und es war eine persönliche Entscheidung, ob man den einen oder den anderen Weg wählte. *Kataphatiké*, wenn sich der Weg dann als gut erwies, *apophatiké,* wenn das Gegenteil der Fall war. Die Götter hatten mit den Entscheidungen nichts zu tun und begnügten sich mit der Rolle der stillen Beobachter.»

«Und welcher der beiden göttlichen Brüder riet Adam, von dem Apfel zu essen?»

«Keiner von beiden. Alle beide waren damals viel zu sehr damit beschäftigt, alle möglichen Arten von Lebewesen zu erschaffen, um sich mit solchen Kleinigkeiten aufzuhalten. Es war Eva, die ihren Mann dazu verführte, die verbotene Frucht vom Baum zu pflücken. ‹Mensch, Adam›, sagte sie zu ihm, ‹jetzt stell dich nicht so an! Es ist doch nur ein Apfel! Ausgeschlossen, dass sich jemand wegen einer solchen Lappalie groß aufregt!›»

Nach dem erwähnten Fußballspiel nahmen wir noch einen Kaffee bei Ciro im Mergellina-Park ein, wo der Professor mir dann noch ein wenig vom Leben Aimones erzählte.

«Der Magister hatte ein gestörtes Verhältnis zu Frauen. Sie seien die Einzigen, sagte er, die auf die beiden entgegengesetzten Schicksale Einfluss hätten. Aimone hatte die Kirche verlassen, weil er hinter einer gewissen Cassidia, einer Wäscherin, wenn ich mich nicht irre, her war. Pech für den Philosophen, dass ihm die Dame, nachdem sie sich hatte heiraten lassen, mit einem Bäcker fremdging. ‹Die Philosophie›, hatte Aimone einmal gesagt, ‹kann es nicht mit dem Brot aufnehmen. *Primum vivere, deinde philosophari.*› Und in der Tat, immer wenn er außer Haus war, tauchte der Bäcker mit einer *focaccia*[4] in Händen bei seiner Gattin auf.»

«In Salerno heißt es», erzählte Calogero weiter, «in seinen letzten Lebensjahren sei Aimone, wenn er in der Stadt unterwegs war, bei jeder Straßenkreuzung stehen geblieben und habe, bevor er weiterging, zunächst eine Münze geworfen, um darüber entscheiden zu lassen, ob er den Weg nach rechts oder links einschlagen sollte. Und als er dann starb, hätten ihm seine Anhänger, die Duplizisten, zwei Gräber ausgehoben. Auf das erste schrieben sie ‹Aimone, der Gute›, auf das zweite ‹Aimone, der Böse›. Wo nun seine Seele einging, bei Judas in der Hölle oder im Himmel bei den göttlichen Brüdern, ist leider nicht bekannt. Doch egal, wie, jedenfalls sollte auch ein Schiedsrichter, bevor er einen Elfmeter schießt, zunächst eine Münze werfen …»

Wenn ich darüber nachdenke, wird mir klar, wie sehr es gerade für mich zutrifft, dass man durch die scheinbar banale Entscheidung, ob man nun nach links oder rechts geht, manchmal seinem ganzen Leben eine andere Richtung geben kann. Bei mir waren es zwei Weggabelungen, die meine Existenz entscheidend geprägt haben.

An der ersten stand ich im Jahr 1957. Ich bin achtundzwanzig Jahre alt, es ist fast neun Uhr abends, und ich bin auf dem Weg, die Via Cimarosa hinauf, zu einem Fest, zu dem ich eingeladen bin. Bei der Seilbahnstation Chiaia begegnet mir ein Freund: Es ist Nando Murolo.

«Ciao, Luciano», begrüßt er mich, «wohin gehst du denn?»

[4] Mit viel Olivenöl gebackenes, helles Brot (Anm. d. Übers.)

«Zu einem *balletto*»[5], antworte ich, «in der Via Vanvitelli.»

«Ach, da ist doch bestimmt nichts los!», erwidert er. «Komm lieber mit mir in die Via Luigia Sanfelice. Da ist auch ein Fest, aber mit wirklich klasse Frauen. Und zu essen gibt's auch mehr als genug.»

Ich gehe mit zu Nandos Fest, wo mir sofort ein wunderschönes Mädchen auffällt.

«Wie heißt du?», frage ich sie.

«Gilda», antwortet sie.

Ich verliebe mich. Sie verliebt sich. Dann heiraten wir. Wir bekommen eine Tochter und nennen sie Paola. Und heute frage ich mich: «Und wenn ich zu dem anderen Fest gegangen wäre? Wäre dann auch meine Tochter geboren worden?»

An die zweite Weggabelung gelangte ich 1978. Ich bin neunundvierzig Jahre alt, arbeite als Ingenieur bei IBM ITALIA, gehöre zu den leitenden Angestellten und verdiene unglaublich gut: eine Million Lire im Monat (bei ihrem Wert von 1978). In meiner Freizeit habe ich ein Buch geschrieben und sogar beim Mondadori Verlag veröffentlicht. Der Titel: *Also sprach Bellavista*. Fünftausend Exemplare wurden verkauft, und mit allen Rechten habe ich fast zwei Millionen Lire daran verdient. Nicht wenig für ein Erstlingswerk, nicht genug jedoch, um den Beruf zu wechseln: Ich kann doch keine Dreizehn-Millionen-Lire-Stelle für eine so wenig lukrative Tätigkeit wie die des Schriftstellers aufgeben, sage ich mir und klammere mich als typischer Neapolitaner weiter an diese feste Stelle. Dann eines Abends bin ich bei Renzo Arbore zum Abendessen eingeladen. Neben mir nimmt ein beleibter Herr mit Schnurrbart

[5] Damals hießen Partys von Jugendlichen in Neapel *balletti*, in Mailand *festine*.

Platz: Es ist Maurizio Costanzo. Ich erzähle ihm von meinen Zweifeln, und er sagt: «Warum kommen Sie nicht zu mir und erzählen das alles in meiner Sendung? Ich fange nächsten Mittwoch mit einer neuen Reihe an. ‹*Bontà loro*› heißt sie. Sie setzen sich zu mir ins Studio, erzählen von ihrem Zwiespalt, und dann sehen wir mal, was die Zuschauer darüber denken.»

So wurde ich der Erste, dessen Buch Costanzo in die Fernsehkamera hielt. Das Resultat war überwältigend: hunderttausend verkaufte Exemplare im ersten Monat, weitere hunderttausend im zweiten und dann immer wieder neue Auflagen, bis die Grenze von einer halben Million überschritten war. Ich gab meinen Beruf auf und wurde Schriftsteller. Wäre ich damals nicht zu dem Essen bei Renzo Arbore gegangen, wäre ich heute ein Ingenieur im Ruhestand, der irgendwann mal ein Buch geschrieben hat.

Moral: Gut überlegen, bevor man ein Abendessen absagt.

XIV

Die Religionen

Irgendwann stellte ich mir die Frage: «Kann man eigentlich eine Religion als eine Art Philosophie betrachten?», und ich kam zu der Antwort: «Ja, zweifellos ist die Religion eine Philosophie, insbesondere wenn damit eine bestimmte Lebenseinstellung verbunden ist.»

Immer schon hatten Religionen starken, vielleicht zu starken Zulauf. Ganz offenbar kommen sie einem natürlichen Bedürfnis des Menschen entgegen. Die ersten Religionen, die mir einfallen, vielleicht weil sie mir schon rein geographisch am nächsten liegen, sind das Judentum, das Christentum und der Islam. Dann folgen der Konfuzianismus, der Hinduismus und der Buddhismus und schließlich ein Dutzend kleinerer Religionen, die darum aber nicht weniger leidenschaftlich gelebt werden. Jeder Glaube verlangt von seinen Anhängern absolute Treue, weswegen diese auch nicht zufällig «Gläubige» genannt werden. Einzige Ausnahme, der von mir so geschätzte Glaube der Antike, der, wie bereits im ersten Kapitel erwähnt, ein sonst unbekanntes Maß an Toleranz für andere Glaubensrichtungen aufbrachte.

Das Mittelalter war eine Zeit intensiver Religiosität. Die drei großen monotheistischen Religionen, eine jede mit ihrem eigenen Propheten (Moses, Jesus und Mohammed) und ihren heiligen Schriften (die jüdische Bibel in sechsunddreißig Büchern, die christliche Bibel in dreiundsiebzig Büchern und der Koran in einem einzigen Buch), prägten bis in alle Einzelheiten das

Leben der Menschen. Wenn man die drei Religionen heute, aus einer gewissen Distanz, genauer unter die Lupe nimmt, scheinen sie sich gar nicht so sehr voneinander zu unterscheiden: Alle drei predigen die Liebe zum Nächsten, alle drei glauben an ein Jenseits, alle drei sind überzeugt, dass das wahre Leben nicht jenes ist, das wir heute leben, sondern erst ein kommendes. Und wenn im Namen der Religionen so manches Unrecht geschah, war es zumeist Schuld gewisser Gläubiger, die in ihrem Eifer übertrieben. Doch einmal abgesehen von den Fanatikern, müssen wir Gott, Jahve oder Allah dankbar sein, dass es doch noch ein Minimum an Ordnung im mittelalterlichen Leben gab. Gepriesen sei Kleobulos, der siebte der sieben Weisen, der an die Tempelmauer in Delphi die Worte schrieb: «Vortrefflich ist das rechte Maß!»

An dieser Stelle möchte ich nun aber kurz näher auf die drei großen Religionen und ihre jeweiligen Propheten eingehen.

Moses

Pascal sagte: «Alles Unglück der Welt rührt nur daher, dass keiner zu Hause bleiben will» (vgl. Pascal, *Pensées,* Nr. 354), und wenn es jemanden gab, der diese Erkenntnis vollkommen in den Wind schlug, dann war das Moses, als er im 8. Jahrhundert v. Chr. beschloss, Ägypten, das Land, wo er geboren war, zu verlassen und ins heutige Saudi-Arabien zu ziehen. Schon von Geburt an hatte Moses mit einigen Schwierigkeiten zu kämpfen. Als Pharao Ramses II., um das rasante Bevölkerungswachstum einzudämmen, den Hebammen seines Reiches befahl, alle männlichen Erstgeborenen zu töten, setzte Moses' Mutter den Säugling in einem mit Pech verkleideten Weidenkörbchen auf dem Nil aus. Doch wie wir es auch von anderen dramatischen Kindesaussetzungen kennen, starb das Neugeborene nicht, sondern wurde gerettet; in diesem Fall aus dem Wasser, und zwar ausgerechnet von der Tochter des Pharao. So wuchs Moses als Ägypter auf, doch als er erwachsen war, geriet er in Streit mit der Obrigkeit des Landes und fasste den Entschluss, alle seine Landsleute aus Ägypten hinauszuführen. Nachdem sie das Rote Meer (das sich vor ihnen öffnete und über den nachsetzenden Ägyptern zusammenschlug) durchquert hatten, gelangten sie nach Saudi-Arabien, wo Moses eine Frau aus der Gegend heiratete, Zippora, die ihm zwei Söhne gebar, Gerschom und Elieser. Hier endlich offenbarte sich ihm auch der Gott Jahve.[1] Einige Jahrhunderte später vollendete einer seiner zahllosen Nachkommen den Auszug aus Ägypten, und zwar David, der Jerusalem zur Hauptstadt des Reiches Israel erwählte. Eine problematische Entscheidung. Noch heute machen sich ja Palästinenser und Israelis gegenseitig das Anrecht auf die Stadt streitig. Da kann man ihnen nur wünschen, dass ihnen ihr jeweiliger Gott, Jahve oder Allah, mehr Besonnenheit und Weisheit schenken möge.

Jesus

Vielleicht sollte man wissen, dass Christus kein Nachname ist, sondern ein Beiname. Zur damaligen Zeit waren Nachnamen noch nicht erfunden. Wollte man einen Menschen wirklich ganz

[1] Vgl. drittes Kapitel des *Exodus*. Jahve heißt eigentlich Jhwh, ein gewollt unaussprechlicher Name aus vier Konsonanten. Da wir jedoch keine Juden sind, nennen wir ihn Jahve.

genau bestimmen, nannte man den Ort, wo er geboren war, und den Namen des Vaters. So war der heilige Paulus «Paulus von Tarsus», oder König Dagobert «Dagobert, Sohn Chlotars». Christus hingegen war, wie gesagt, ein Beiname und bedeutete «der Gesalbte», mithin «der dem Herrn Geweihte». Wo er zur Welt kam, weiß jedes Kind, besonders alle, die Weihnachten schon einmal eine Krippe aufgebaut haben. Also in Bethlehem geboren, in einem Stall, weniger als zwei Meilen von Jerusalem entfernt, wärmten ihn als Erste ein Ochs und ein Esel mit ihrem Atem. Seine ersten Geschenke waren Kaspars Gold, der Weihrauch von Melchior und die Myrrhe von Balthasar. Über sein Aussehen haben die Evangelisten allerdings nie ein Wort verloren. War er nun schwarzhaarig oder blond, groß oder klein, bärtig oder rasiert? Immerhin konnten sich aus diesem Grund die Gläubigen ihren Herrn immer so vorstellen, wie er ihnen am besten gefiel. Und das war oft blond, mit Bart und blauen Augen. Jesus hatte zwei Hauptbeschäftigungen, das Wort Gottes zu verbreiten und Notleidenden zu helfen. Hier nun all die Blinden, Tauben, Lahmen, Stummen und Aussätzigen aufzuzählen, die Jesus im Lauf seines Lebens heilte, wäre langwierig, vielleicht gar unmöglich. Jeden Tag wirkte er Wunder, auch am Sabbat, wodurch er ein Gebot von Moses verletzte («Wer am Sabbat arbeitet, soll mit dem Tod bestraft werden»[2]) und alle Hohepriester und Schriftgelehrten gegen sich aufbrachte. Aber ungeachtet der Gefahr, ging Jesus sogar dazu über, Tote zum Leben zu erwecken. Zu Lazarus sagte er: «Steh auf und gehe», und der tat tatsächlich, wie ihm geheißen. «Was zu viel ist, ist zu viel!», rief da der Hohepriester Kaiphas aus und sorgte dafür, dass das Synedrium, das Parlament Galiläas, das auch über richterliche Gewalt verfügte, Jesus zum Tod

[2] Vgl. *Exodus*, 31, 15

verurteilte. Pontius Pilatus, der römische Statthalter in Judäa, wusch bekanntermaßen seine Hände in Unschuld, und Jesus wurde auf dem Berg Golgatha, einem kleinen Hügel bei Jerusalem, zusammen mit den üblichen zwei Unbekannten gekreuzigt.

Dass nun das Christentum eine monotheistische Religion ist, steht außer Zweifel, und doch findet sich, zumindest in meiner Heimat, immer noch ein Rest vorchristlichen Glaubens in den Herzen des einfachen Volkes. Und so wie in römischer Zeit Mars, Minerva und Venus für Krieg, Kultur und Liebe verantwortlich waren, so ist heute in Neapel Santa Lucia die Schutzheilige der Augen, San Crispino der Schutzpatron der Schuster, San Macario der der Konditoren und San Baylonne der der Frauen. Unter den «Heiligen» der klassischen Antike spielte übrigens Machaon, der Schutzpatron der Radiologen, eine besonders schöne Rolle. Als er zur Welt kam, bat sein Vater Asklepios Zeus um eine besondere Gabe für seinen Erstgeborenen, und der Herrscher des Olymp verlieh ihm die Fähigkeit, ins Innere des menschlichen Körpers zu blicken, ohne ihn öffnen zu müssen. So können alle, die sich röntgen oder eine Kernspintomographie machen lassen, dem guten Machaon dankbar sein.

Mohammed

Als dritter in zeitlicher Reihenfolge trat Mohammed auf den Plan. Er kam um das Jahr 570 in Mekka zur Welt, ungefähr zu jener Zeit, als im Nahen Osten der byzantinische Kaiser Herakleios I. herrschte, ein Despot, der nicht nur seine Untertanen mit der Knute regierte, sondern auch noch wie ein Gott auf Erden verehrt werden wollte. Unter anderem hatte er das echte Kreuz, an dem Jesus gestorben war und das seinerzeit von den Persern geraubt wurde, zurückerobert und als Kriegstrophäe nach Jerusalem gebracht. Was die Religion angeht, neigte Herakleios wohl dem antiken Heidentum zu. Gottheiten, die das Volk verehrte, gab es damals offenbar in großer Zahl. Alles in allem, also heidnische, arabische und Stammesgötter zusammengenommen, sollen es, wie ein Autor berichtet, sage und schreibe dreihundertsechzig gewesen sein.

Mohammed aber konnte mit all diesen Göttern nichts anfangen und sehnte sich nach einer einzigen starken Religion. Die Folge: Er dachte sich Allah aus, den Gott des Islam. Wahrscheinlich hätte er selbst im Traum nicht daran gedacht, dass sich seine Lehre über den halben Erdball verbreiten würde. In der Tat aber weitete sich der Islam im Verlauf weniger Jahre vom Nahen Osten wie ein Ölfleck bis nach Nordafrika, Spanien und Sizilien sowie, in der anderen Richtung, in die unendliche Weite des Orients aus.

Mohammed war bereits fünfzig, als er sich im Jahr 622 mit einigen Freunden in Medina niederließ, wo ihm, wie er selbst berichtete, Allah von Gott zu Mensch Wort für Wort den ganzen Koran eingab! Ein erfolgreicheres Buch als den Koran hat es nie gegeben. Aller Wahrscheinlichkeit nach war dessen enorme Verbreitung auf die Einfachheit der Aussagen zurückzuführen. Nicht dass er zu jener Zeit gelesen worden wäre, nein, wer konnte damals schon lesen? Aber zuhören konnten die Menschen, und die Unmittelbarkeit der Anschauungen ergriff sie in Massen.

XV

Der heilige Franziskus

Bei unserer kleinen Plauderei über Religionen dürfen wir natürlich Franz von Assisi nicht unerwähnt lassen, jenen Heiligen, der eine Auffassung vom Christentum vorlebte, die bereits ein gutes Stück über die Religion hinausging und dem «Sein» des Parmenides vielleicht sogar näher stand als den Geboten des Neuen Testaments. Darüber hinaus hat Franz von Assisi eigentlich sogar zwei Leben gelebt, die gegensätzlicher nicht sein konnten. Das erste bis zum Alter von vierundzwanzig Jahren, das zweite von da an bis zu seinem Tod. Von jenem ersten Leben berichtet uns sein Vater, Don Pietro Bernadone, ein wohlhabender Stoffhändler und Wucherer aus Assisi.

Als mein Sohn (im Jahr 1182) zur Welt kam, weilte ich selbst auf einer Messe in der französischen Champagne. Ich hatte gute Geschäfte gemacht und war bester Stimmung. Zurück in Assisi, kam mir mein Frau Pica entgegen und trug einen winzigen Säugling auf dem Arm. «Sieh nur, er ist da!», rief sie. «Ich habe ihn Giovanni genannt.» Ich ließ es dabei bewenden, doch als der Tag der Taufe gekommen war, beschloss ich, ihm einen anderen Namen zu geben. «Ich will ihn Francesco nennen», sagte ich zu ihr, doch sie widersetzte sich sogleich und hielt mir entgegen: «Warum Francesco? Diesen Namen habe ich noch nie gehört.» «Lass nur», beruhigte ich sie, «wir nennen ihn Francesco, weil er uns an Frankreich erinnern soll, jenes Land, wo ich die besten Geschäfte mache. Du wirst sehen, der Name wird ihm Glück bringen!»

Doch ich irrte mich! Anfangs schien er nicht anders als andere Kinder. Er war fröhlich, wollte immerzu spielen und liebte es zu singen. Als er älter wurde, schickte ich ihn zum Pfarrer der Gemeinde San Giorgio in die Schule. Der Mann war alt und ein wenig vertrottelt, doch dafür musste ich nicht fürchten, dass er ihn mit mönchischen Ideen verderben würde. Denn was ich mir wünschte, war ein Sohn, der mir in allem nachschlagen sollte: ein Radaubruder, tüchtiger Geschäftsmann und Schürzenjäger. So lehrte ich ihn zum Beispiel le chansons de geste, *die damals sehr beliebt waren. Ja, gewiss, nicht immer benahm er sich so, wie ich es von ihm erwartete: Einmal verprasste er alles Geld, das er von mir bekommen hatte, und richtete damit seinen Freunden ein Festmahl aus, wie es sich auch ein Fürst wohl nur selten erlauben mag, legte seidene Gewänder an und alle Ketten und Edelsteine, die er im Haus finden konnte. Schließlich setzte er es sich in den Kopf, am Krieg gegen die Peruginer teilzunehmen, und wie nicht anders zu erwarten, ließ er sich dabei gefangen nehmen. Nach einem Jahr suchte ich die Stadtoberen Perugias auf, um seine Freilassung zu erwirken. Ein unverschämtes Lösegeld verlangte man von mir, doch ich erhob keine Einwände, holte das Geld hervor und bezahlte, woraufhin Francesco bester Dinge nach Hause zurückkehrte. Kurzum, bei allen Sorgen, die er mir machte, war er ein ganz normaler junger Mann.*

Doch dann kam der Tag, der alles verändern sollte. Vor den Toren der Stadt stieß er auf einen Aussätzigen, und anstatt beim Läuten der Glocke das Weite zu suchen, stieg er vom Pferd und umarmte ihn! Ja, es ist wahr, er umarmte ihn. Aber es kam noch schlimmer. Nicht lange später schlich er sich in mein Lager und nahm alle kostbaren Stoffe an sich, die er in den Regalen finden konnte und verkaufte sie weit unter ihrem Wert, und das alles nur, um die Restaurierung der Kirche San Damiano zu fi-

nanzieren. Was hätte ich tun sollen? Ihn tadeln? Ihn schlagen? Nun, das habe ich getan. Ja, mehr noch, mit Hilfe meiner Diener ergriff ich ihn und versetzte ihm ein Dutzend Hiebe mit dem Gürtel und schloss ihn bei Wasser und Brot im Keller ein. Doch seine Mutter hatte Mitleid und befreite ihn zwei Tage später. Da wandte ich mich mit ihm an den Bischof. Doch was tat mein Sohn Francesco? Ausgerechnet vor dem hohen Geistlichen legte er all seine Kleider ab und trat nackt wie ein Wurm auf die Straße von Assisi. Ein Gemüsehändler, an dem er vorüberkam, war so gnädig, ihm einen Sack über die Schultern zu legen. Nun, was soll ich sagen, ob man es glaubt oder nicht, aber seit jenem Tag hat er den Sack nicht mehr abgelegt. Drei Löcher schnitt er hinein, einen für den Kopf und zwei für die Arme, und läuft nun mit diesem Gewand durch die Straßen und bettelt um Almosen, als hätte er keinen Vater.

Von Francescos zweitem Leben, das so vollkommen anders war als das erste, lassen wir uns von Gaspare von Petrignano, einem seiner Anhänger, erzählen.

Als ich Francesco kennen lernte, war ich auf dem Heimweg vom Markt. Das Leben, das ich führte, widerte mich an. Was hat es für einen Sinn, so fragte ich mich, den ganzen Morgen mit einem Halunken zu streiten, der mir Geld schuldet, wo ich genau weiß, dass das Leben kurz ist und ich früher oder später werde Rechenschaft ablegen müssen vor dem Herrn. Schon Francescos Erscheinung macht großen Eindruck auf mich. Als Gewand trägt er nur einen Leinensack, und das mitten im Winter. Mir ist danach, ihm eins der Gewänder zu schenken, die ich auf dem Markt nicht verkaufen konnte, aber er bedankt sich nur freundlich und weist meine Gabe zurück. Das einzige Gewand, das ihn interessiere, so erklärt er, sei das der Seele. Ich lade ihn in mein Haus ein; wir essen zusammen, und ich bleibe die ganze Nacht auf, um mit ihm zu reden. Auch wenn ich nicht viel verstehe von seinen Worten, höre ich ihm aufmerksam zu. Und zum ersten Mal in meinem Leben habe ich das Gefühl, wirklich zu leben. Am nächsten Morgen machen wir uns gemeinsam auf zur Messe in San Nicola, um dort die heilige Kommunion zu empfangen. Ich frage ihn, wo er wohnt, und er führt mich in eine kleine, halb verfallene Kirche mit Namen Porziuncola. Ohne lange zu überlegen, fasse ich den Entschluss, nun ebenfalls dort zu wohnen. Mit ein wenig Stroh bereite ich mir ein Lager in einer Ecke. Zum Zudecken habe ich nur die Kleider, die ich noch am Leib trage. Leider bin ich nicht so standhaft wie Francesco, mein Fleisch ist schwach, und mir ist kalt.

Heute sind drei weitere Brüder zu uns gestoßen: Sie heißen Bernardo, Pietro und Egidio. Sie finden ihr Lager hinter dem Altar. Bernardo war in seinem früheren Leben ebenfalls Kaufmann, Pietro bis gestern noch Advokat, ein sehr gebildeter Mann, der viele Bücher mitgebracht hat. Egidio, der ärmste von ihnen, war Bauer. Er kann weder schreiben noch lesen, aber er ist der Tüchtigste von uns allen, wenn es darum geht, die Hände zu gebrauchen. Er hat ein Loch im Dach repariert, durch das bei jedem Regen das Wasser in die Kirche lief und alles überschwemmte. Wir folgen Francesco und sind so glücklich, wie wir es noch nie im Leben waren. Unsere Ziele sind: Bescheidenheit, Barmherzigkeit, Gehorsam, Armut, Geduld, Arbeit und Freude. Gestern sprach Francesco zu einem Bauern: «Bestelle nicht alle deine Äcker. Überlass ein Stück auch den Unkräutern, so wirst du die Brüder Blumen sprießen sehen.»

Einmal, so erinnere ich mich, haben wir ihn nach Rom begleitet. Er wollte dort Papst Innozenz III. aufsuchen und ihn bitten, seine Regel anzuerkennen. Doch die Wachen ließen uns nicht ein. Sie hielten uns für Schweinehirten. Drei Monate verbrachten wir wartend vor den Pforten des Lateranpalastes. Nachts schliefen wir auf der Straße. Francesco konnte nicht verstehen, dass der Papst uns nicht empfangen wollte. Ich schon, denn ich kenne die Menschen besser als er. Was uns den Eintritt verwehrte, waren nicht unsere Ideen, sondern unsere Gewänder. Stellt man hier in Rom Armut zur Schau, ist es fast so, als würde man zum Papst sagen: «Schämst du dich nicht, in solch einem Luxus zu leben?» Wir gaben aber nicht klein bei und wurden schließlich eingelassen. Offenbar hatte Papst Innozenz gerade in jener Nacht einen Albtraum. Er träumte, die Lateranbasilika drohe einzustürzen, als ein Mann zu Hilfe eilte, der wie Francesco gekleidet war und es allein mit der Kraft seiner Arme schaffte, ihr neuen Halt zu geben. Daher ließ der Papst ihn von den Wachen holen und nahm seine Regel ohne irgendwelche Einwände an.

Das Schönste war, wie wir einmal eine Krippe bauten. Wir befanden uns bei Greccio in der Gegend von Rieti[1]*, und Francesco erzählte uns von Bethlehem und der Geburt des Jesuskindes. Es war Weihnachten. Da hatte er eine Idee. Er ging in den Ort, lieh sich einen Ochsen und einen Esel aus und brachte einige Einwohner dazu, sich wie Schäfer zu kleiden und zu uns zu kommen. Einer von ihnen erschien mit seiner Frau, es waren gute Menschen, und wir nannten sie sogleich Josef und Maria. So bauten wir also eine lebende Krippe auf. Natürlich hatten wir kein Jesuskind, doch ob man es glaubt oder nicht, sahen wir alle, ohne Ausnahme, als es Mitternacht schlug, ein Kind in*

[1] Ich rate dem Leser, Greccio und die Abtei von San Francesco zu besuchen. Ein bezaubernder Ort, ungefähr hundert Kilometer von Rom entfernt.

der Krippe liegen. Ich kann gar nicht in Worte fassen, wie glücklich wir waren.

Francesco schlief in einer kleinen Höhle, die so kurz war, dass seine Beine, wenn sein Kopf an der hinteren Höhlenwand ruhte, von den Knien an abwärts im Freien lagen. Einmal schenkte ihm Giovanni Velita, der reichste Mann von Greccio, ein Daunenkissen. Francesco benutzte es, und dies war die einzige Nacht, in der er nicht schlafen konnte. Drei Jahre später starb er an Auszehrung (am Nachmittag des 3. Oktober 1226[2]).

Im Lauf der Jahre hatte die Zahl der Franziskaner stetig zugenommen. Zu den bereits erwähnten gesellten sich Frate Angelo, Frate Sabatino, Moricone il Piccolo, Filippo il Lungo, Frate Giovanni, Frate Barbaro, Frate Silvestro, Frate Leone, Frate Masseo, Frate Ginepro und der großartige Frate Elia, der nach San Francescos Tod die Pläne für die Kirche in Assisi entwerfen sollte.

Nicht zu vergessen die Frauen, die im Geiste des heiligen Franz lebten. Die Erste war Chiara di Favarone, ein Mädchen aus adligem, wohlhabendem Haus. Sie war erst siebzehn, als sie ihre Eltern verließ, um den Orden der Klarissinnen, also den Zweiten Orden der Franziskaner, zu gründen. Im Jahr darauf entstand auch der Dritte Orden, dem sich Menschen anschlossen, die zwar kein Gelübde ablegten, aber dennoch ein bescheidenes Leben im Sinn der Nachfolge Christi und im Einklang mit der Natur führen wollten. Später gesellten sich auch noch eine Reihe namhafter Philosophen zu den Franziskanern. Darunter besonders zu erwähnen Bonaventura, Roger Bacon, Duns Scotus, Robert Grosseteste und William Ockham.

[2] Zu jener Zeit begann nach Vesper der neue Tag, daher wird das Fest des heiligen Franziskus am 4. Oktober gefeiert.

Um das Jahr 1220 zog sich Francesco von der Ordensleitung zurück und lebte fortan in der Einsamkeit des Apennin, auf einem Berg namens della Verna, den ihm der Graf Orlando di Chiusi geschenkt hatte. Auf diesem dreizehnhundert Meter hohen Berg soll er am 17.9.1224 die Wundmale Christi empfangen haben. Ob man nun daran glaubt oder nicht, ist völlig unerheblich – es bleibt die Tatsache, dass sich um diese Zeit sein nahes Ende ankündigte. Gesundheitlich war Franziskus, nicht zuletzt wegen eines Magenleidens, nie ganz auf der Höhe gewesen. Nach der Vollendung des vierzigsten Lebensjahrs ging es ihm zunehmend schlechter. Bald war er so leicht wie eine Feder und fast blind. Kurzum, er machte sich bereit zur Begegnung mit «Bruder Tod». Unterdessen blühten in seinem Orden bereits Neid und Eifersüchteleien zwischen jenen, die es mit dem Büßen übertrieben, und anderen, die Franziskus' Regeln zu missachten begannen. Unablässig gingen die Vorwürfe hin und her: «Du bist kein echter Franziskaner!» «Du hast ja keine Ahnung!» «Du bist bloß ein Gaukler!», und weiter in diesem Tenor.

Den Schlusskommentar aber möchte ich Gregor IX. überlassen, jenem Papst, der Franziskus bereits zwei Jahre nach dessen Tod heilig sprach.

Liebe Gläubige, als man mich bat, einen gewissen Franz von Assisi selig zu sprechen, habe ich zu erkundigen versucht, was dies für ein Mann war. Höchst Seltsames kam mir dabei zu Ohren. Die einen berichteten mir von einer frommen Seele, andere von einem Mönch, der nicht mehr ganz bei Verstand war. Wem sollte ich Glauben schenken? Dies war das Problem, vor dem ich stand. Üblicherweise vergehen nach dem Tod eines Menschen Jahre, bis er selig gesprochen werden kann, und ich hatte eigentlich vor, mich an dieses Gebot zu halten. Doch wer ver-

mag sich vorzustellen, wie viele Menschen plötzlich zu mir kamen, um mir diesen Franziskus zu preisen. Man hätte glauben können, noch nicht einmal Jesus habe so viel Gutes bewirkt wie er. Auch sein Testament las ich, in dem er von seiner Begegnung mit einem Aussätzigen erzählt. Er habe ihn umarmt, schreibt er, «und danach war alles, was mir zuvor bitter schien, süß geworden». Ob das wahr ist? Fest steht jedenfalls, dass er zwei Leben lebte, die gegensätzlicher nicht hätten sein können. Zunächst lebte er in Saus und Braus, verprasste sein Geld und gab Feste, die eines Lucullus würdig gewesen wären, mit Scharen von Gästen, die schlemmten und sich betranken. Dann plötzlich, von einem Tag auf den anderen, widmete er sein Leben nur noch den Armen und Notleidenden. Er ist auch viel gereist, war in Syrien, Marokko und im Heiligen Land, wohin ihn der Fünfte Kreuzzug führte. Doch kämpfte er nicht, sondern bemühte sich mit Erfolg, die ungläubigen Moslems mit Worten zu bekehren. Wie gelang ihm das, so frage ich mich, da er doch ihre Sprache nicht beherrschte. Wie ich hörte, soll er zahlreiche Wunder gewirkt haben: Er hat Wasser in Wein verwandelt, einen toten Knaben wieder zum Leben erweckt, einen Lahmen gehen lassen, einem Blinden das Augenlicht zurückgegeben und einige erlöst, die vom Teufel besessen waren. Was mir jedoch am meisten Eindruck machte, ist seine Liebe zu den Tieren. Man erzählte mir, dass er zu den Lerchen sprach, die ihn jeden Morgen weckten, dass er den Vögeln predigte und die Schwalben ihm gehorchten. Hasen und Kaninchen sollen in seinen Armen Schutz gesucht haben; mit Fischen habe er gescherzt, ein Lamm das Beten gelehrt und einen Wolf sogar dazu gebracht, nicht die Tiere im Wald zu reißen und dafür das Fressen anzunehmen, das ihm die Bewohner Gubbios jeden Morgen vor die Stadtmauer legten. Auch auf Franziskus' Grab zeigen sich fortlaufend neue Wunder. An einem

Tag war es über und über mit Rosen bedeckt, am Tag darauf mit Lilien, schließlich mit Margeriten. Nun, was soll ich tun? War er ein Heiliger oder ein Irrer?

XVI

Anselm von Canterbury

In der Philosophie gibt es ein Wort, das die Schüler auf den Gymnasien in Angst und Schrecken versetzt: Ontologie. Wie so viele kommt auch dieser Begriff aus dem Griechischen, und zwar von *óntos* («vom Sein») und *logia* («Lehre»), also «Lehre vom Sein».

In der Oberprima hatte ich einen Philosophielehrer, Professor Cassetti, der, wenn er die Klasse betrat, üblicherweise deklamierte, «es ist, weil es ist!», also den ontologischsten Satz, den man sich überhaupt vorstellen kann. Zuweilen trug er ihn auch gleich auf Griechisch vor, *«estí óti estí»*, und dann standen wir auf und wiederholten ihn frohgemut im Chor. Im Grunde war es nur eine etwas andere Art, guten Morgen zu sagen. Kommen wir nun jedoch zum Thema: Anselm von Canterbury, der später heilig gesprochen wurde, gilt mit Fug und Recht als einer der wichtigsten Verkünder der Ontologie im Mittelalter, als einer der wenigen, der seine Mitmenschen davon zu überzeugen versuchte, dass «das Sein ist, weil es ist». Bevor wir uns aber an den schwierigsten der «heiligen» Philosophen heranwagen, versuche ich auf meine Weise zu erläutern, was das ist: das Sein.

Die ganze Angelegenheit begann gegen Mitte des 5. Jahrhunderts v. Chr. Parmenides war bereits ein reifer, ergrauter Herr von fünfundsechzig Jahren, als er sich zusammen mit seinem Lieblingsschüler Zenon nach Athen begab. Sie kamen beide aus Süditalien, genauer gesagt aus Elea in der Basilicata, und waren beauftragt, einen Bündnisvertrag mit der Regierung Athens auszuhandeln. Doch mehr als über Politik mit den Politikern sprachen sie dann über Philosophie mit den Philosophen Athens, also auch mit Sokrates, der damals nicht älter als fünfundzwanzig Jahre alt gewesen sein dürfte. Wie es aussieht, gaben unsere italienischen Landsleute dabei anfangs keine besonders gute Figur ab. Das alles trug sich im Hause des Pythodoros zu.

«Wer sind denn die beiden da? Die mit den ungewaschenen Füßen?», fragte Sokrates seinen Tischnachbarn.

«Ich kenne sie nicht persönlich», antwortete dieser, «doch wurde mir berichtet, einer der beiden, der Ältere mit dem Bart nämlich, habe etwas außerordentlich Bedeutsames formuliert.»

«Viel mehr weiß ich auch nicht», schaltete sich ein anderer ein, «nur dass der Ältere Parmenides heißt und der Jüngere Zenon, dass sie im selben Bett schlafen und beide aus Süditalien kommen.»

Daraufhin wandte sich Sokrates direkt an den Älteren der beiden Besucher. «O Parmenides», sagte er, «wie ich hörte, hast du einen wichtigen Gedanken formuliert. Würde es dir etwas ausmachen, ihn uns zu verraten? Dann können wir alle gemeinsam darüber diskutieren.»

Parmenides schickte sich an, etwas zu antworten, doch sein Schüler Zenon hielt ihn zurück.

«Es wäre sinnlos, würde mein Lehrer euch seine Gedanken darlegen», sagte er, «ihr würdet sie ohnehin nicht verstehen.»

Verständlicherweise waren alle Anwesenden empört. Wie bitte? Sie selbst waren doch die großen Philosophen Athens, die klügsten Männer der Welt. Und diese beiden Italiener mit den dreckigen Füßen wagten es, ihr Denkvermögen in Zweifel zu ziehen?!

Sokrates aber, wie stets geduldiger als die anderen, gab sich noch nicht geschlagen: «O Parmenides, zier dich nicht länger», sagte er, «verrate uns, was du erkannt hast. Wer weiß, vielleicht können auch wir unseren bescheidenen Anteil zu deinen Gedanken beitragen.»

Und so kam es, dass Parmenides nun jenen berühmten Satz aussprach, mit dem meiner Ansicht nach die Geschichte der Philosophie ihren Ausgang nahm. «Das Sein ist, das Nichtsein ist nicht.»

Ich weiß noch, wie ich einmal einem hübschen Mädchen, das zu Probeaufnahmen in die Studios von Cinecittà in Rom gekommen war, den Unterschied zwischen Sein und Nichtsein erklären wollte.

«Wie heißt du, und wie alt bist du?», fragte ich sie.

«Ich heiße Patrizia und bin zwanzig Jahre alt», antwortete sie.

«Und wie stellst du dir deine berufliche Zukunft vor?»

«Ich möchte Schauspielerin werden. Oder ins Fernsehen.»

«Gut, aber willst du Schauspielerin werden, um zu sein oder um nicht zu sein?»

«Na, um zu sein. Um Schauspielerin zu sein.»

«Verstehe. Dann werde ich dir jetzt mal den Unterschied zwischen dem Sein einer Schauspielerin und dem Nichtsein einer Schauspielerin erklären. Pass auf. Wenn du Schauspielerin sein willst, um berühmt zu werden, um dein Foto auf den Titelblättern der Illustrierten zu sehen, Autogramme zu geben, in Talkshows eingeladen zu werden und viel Geld zu verdienen, so musst du wissen, dass all diese Dinge für das Nichtsein einer Schauspielerin stehen, für den Schein.»

«Und was wäre das Sein?»

«Das ist das Gefühl, das dich überkommt, wenn du feststellst, dass jemand, der dein Spiel verfolgt, lacht oder zu Tränen gerührt ist. Denn in diesem Moment wird dir bewusst, dass du eine echte schauspielerische Leistung vollbracht hast. Du hast einem fremden Menschen, dem Zuschauer, Emotionen vermittelt, die nicht deine eigenen waren, sondern die irgendeines Autors. Und dies gilt, in anderer Form, für alle Berufe der Welt und darüber hinaus eigentlich für alle Lebensbereiche.»

«Das ist doch genau das, was auch dieser … dieser Psychologe sagt.»

«Dieser Psychologe?»

«Ja, wie heißt er doch gleich, dieser Deutsche, der *Haben oder Sein*[1] geschrieben hat. Mir fällt jetzt bloß der Name nicht ein.»

Doch kehren wir nun zu Anselm von Canterbury zurück. Das erste Problem ist sein Name: Für die Italiener heißt er Anselmo d'Aosta, für die Franzosen Anselme de Bec und für die Engländer Anselm of Canterbury. Sicher ist aber, dass er im Jahr 1033 in Aosta zur Welt kam und später Abt in Bec und Erzbischof in Canterbury war. Nun will ich hier nicht den Nationalisten spielen, aber ich bin schon der Meinung, dass der Geburtsort wichtiger ist als die anderen Lebensstationen eines Menschen. Sollte mein Name einmal in die Geschichte eingehen, *utinam!*, wünsche ich mir, dass meiner als Luciano von Neapel gedacht wird und nicht als Luciano von Rom oder von Mailand, obwohl ich auch in diesen beiden Städten lange gelebt habe.

Anselms Vater, Messere Gandulgo, der Gouverneur von Aosta, war ein «Boss», der alle mit der Macht des Geldes kom-

[1] Erich Fromm, *Haben oder Sein*, München 1976

mandierte. Als er erfuhr, dass sein Sohn Mönch werden wolle, entbrannte er vor Zorn.

«Und du wirst kein Mönch!», herrscht er ihn an. «Wir haben hier eine Familientradition, die es zu wahren, und vor allem Reichtümer, die es zu verwalten gilt. Mein erstgeborener Sohn, jener, der einmal alle meine Güter bekommen soll, ein gemeiner Betbruder? Nein, das ertrüge ich nicht.»

Doch gegen eine wahre Berufung ist kein Kraut gewachsen, die lässt sich nicht so leicht unterdrücken. Anselm war von Benediktinern erzogen worden und wünschte sich nichts mehr, als sich der Lektüre der klassischen Autoren und dem Studium der Theologie widmen zu können. Das väterliche Verbot ließ ihn so schwer erkranken, dass sogar sein Leben in Gefahr war. Als er dennoch wieder auf die Beine kam, fand er den Mut, dem elterlichen Haus den Rücken zu kehren. Er zog in die Normandie, in die Abtei von Bec, deren theologische Schule damals berühmt war, und von dort später weiter nach Canterbury, wo man ihn schließlich zum Erzbischof ernannte. Berühmt wurden seine Auseinandersetzungen mit den Königen, mit denen er zu tun hatte: Wilhelm der Rote und Heinrich I. So erlebte er es mehrere Male, dass man ihm, aus Rom zurückkehrend, die Überfahrt nach England verweigerte. Daraufhin wandte er sich jedesmal an den Papst und konnte sich schließlich durchsetzen.

Anselm von Canterbury schrieb acht Bücher: *Monologion*, ein Dialog mit sich selbst, *Proslogion*, ein Dialog mit anderen, sowie sechs Dialoge zu verschiedenen Themen, unter anderem dem *Freien menschlichen Willen* und zum *Fall des Satans* – alle von nur wenigen Seiten, aber reich an neuen philosophischen Erkenntnissen. Doch wie bei Scotus Eriugena können wir auch hier sagen, dass er mit dem falschen Fuß losgeht. In seinem ersten Dialog schreibt er *«intellego ut credam»*, «ich verstehe, um glauben zu können», doch schon im *Proslogion* korrigiert er sich und spricht sich zu hundert Prozent für ein *«credo ut intellegam»*, also ein «ich glaube, um verstehen zu können», aus. Dabei ist es doch so, dass man zwar vom Glauben ausgehend zur Existenz Gottes gelangen kann, dass es aber praktisch unmöglich ist, den umgekehrten Weg zu beschreiten. Mit anderen Worten, ein Glaube lässt sich nicht aufzwingen. Man kann sich nicht sagen: «Ab morgen früh glaube ich an Gott.» Es ist schon schwierig genug, mit dem Rauchen aufzuhören, wie sehr dann erst zu glauben.

Nun schauen wir uns einmal genauer an, wie es dem heiligen Anselm gelingt, an Gott zu glauben. Wörtlich sagt er im *Proslogion*: «Unter allen Dingen auf der Welt gibt es immer eins, das größer ist als die anderen. Eine Pflanze ist niedriger als ein Tier, ein Tier ist niedriger als ein Mensch, ein Mensch niedriger als ‹Jener›, der ihn geschaffen hat. ‹Jener› aber, der ihn geschaffen hat, ist das Vollkommenste, was überhaupt vorstellbar ist [vorausgesetzt, dass sich Vollkommenheit überhaupt steigern lässt]. Da nun jedes Ding seinerseits aus einer Reihe von Eigenschaften besteht und eine dieser Eigenschaften eben seine Existenz ist, wie könnte dann jenes Ding ‹das Vollkommenste› sein, wenn ihm die wichtigste Eigenschaft fehlen würde, nämlich jene zu sein. Ergo: Gott ist!» Aber Anselm geht noch weiter. Bei anderer Gelegenheit schreibt er: «Der höchste Gedanke, den es auf der Welt gibt, kann nicht als nicht existierend gedacht werden.»

Vielleicht wäre Anselm überzeugender gewesen, wenn er gesagt hätte: «Für mich existiert Gott, fertig, aus!» Das wäre schneller gegangen, und außerdem hätte er sich nicht, wie es dann geschah, diese geharnischte Kritik von vielen Seiten eingehandelt, so der Dominikaner mit Thomas von Aquin an der Spitze, der Franziskaner mit Bonaventura sowie einer ganzen Reihe angesehener Philosophen wie der Herren Descartes, Spinoza, Leibniz, Hume, Locke und Kant. Insbesondere Letzterer wird später sagen, dass Anselms Gottesbeweis nicht ontologisch ist, sondern tautologisch[2]. Und er stellt klar, dass sich nicht sagen lässt: «Gott existiert», wohl jedoch, «er könnte existieren».

Ein erbitterter Kritiker Anselms zu dessen Lebzeiten schon war aber ein gewisser Gaunilo, ein Mönch aus Martmontier, der in einem Buch mit dem Titel *Zur Verteidigung des Törichten* die Sache auf den Punkt brachte. Und zwar erklärte er, die Tatsache, einen Begriff denken zu können, sei allein noch kein Beweis seiner Existenz, und nur ein Dummkopf könne Anselm in seiner Argumentation auf den Leim gehen. Gaunilo schreibt: «Ich kann mir eine wunderschöne Insel mitten im Ozean vorstellen, reich an Seen und Bächen, mit einer Schar anmutiger Mädchen, die mir mit Palmwedeln kühle Luft zufächeln, aber deswegen würden die Insel und die Mädchen doch nicht tatsächlich existieren.» Darauf Anselm von Canterbury: «Eine Insel ist eine Sache, Gott aber eine ganz andere. So schön man sich eine Insel auch vorstellen mag, sie wird niemals das Wichtigste auf der Welt sein. Gott aber ist es.» Worauf nun wieder Gaunilo erwidert: «Mit Überlegungen wird es niemals gelingen, die Existenz Gottes zu beweisen. Nur der Glaube ist dazu in der Lage, und der Glaube überlegt bekanntlich nicht.»

Acht Jahrhunderte später war es jedoch ein englischer Philosoph, ein gewisser Francis Herbert Bradley, der sich ganz

[2] Tautologisch: banale Aussage, die nur das bereits Gesagte wiederholt

auf Anselms Seite stellte und erklärte: «Alles, was möglich ist, ist», was noch einfacher ausgedrückt bedeutet: «Wenn wir eine Sache denken können, muss diese Sache auch existieren.» Kommt uns das nicht bekannt vor? Aber ja. Das ist ein Grundgedanke von Platons berühmtem Höhlengleichnis: Die Bilder, die wir auf der Höhlenwand sehen, sind nichts anderes als die Schatten der Ideen, die hinter unserem Rücken vorbeiziehen, und die Tatsache, dass wir sie erkennen, ist gleichzeitig ein Beweis dafür, dass hinter uns etwas vorbeizieht, also ein Beweis der Ideen. Nur drückt sich Platon, wenn er uns das Höhlengleichnis erzählt, sehr viel klarer aus als Anselm von Canterbury.

Was nun mich selbst betrifft, so sehe ich die Sache ganz wie Gaunilo. Durch den Glauben allein kann ein Mensch – für sich persönlich – zur Existenz Gottes gelangen, und deswegen beneide ich auch alle, die diesen Glauben haben. Es geht ihnen besser als mir; sie verleben ihre letzten Lebensjahre gelassener als ich und fragen sich nicht drei- oder viermal am Tag:

> «Gibt es ihn nun, oder gibt es ihn nicht?»
> «Und wird es ‹danach› etwas geben oder nicht?»
> «Was, wenn es nur das Nichts gibt?»
> «Aber was ist das Nichts?»

Ein weiteres Thema, das Anselm behandelt, sind die Universalien, über die wir schon im Zusammenhang mit Avicenna gesprochen haben. Ehrlich gesagt, kommt man nicht sehr viel weiter, wenn man sich dazu mit Anselm befasst. Im Grunde ist es ja so, dass alle mittelalterlichen Philosophen, der eine mehr, der andere weniger, dieses Thema nutzen, um die Existenz Gottes zu beweisen. Wenn man in der Veränderung etwas erkennt, das sich nicht verändert, so sagen sie, bedeutet das, dass das Unveränderliche existiert.

Aber ich habe Sie ja gewarnt. Mit den Universalien werden Sie noch öfter gequält. Doch keine Sorge, unbegreiflich sind sie nicht, langweilig schon – und wie!

XVII

Die Kreuzzüge

Dass es die Kreuzzüge ins Heilige Land überhaupt gab, war Schuld der großen Propheten, die alle drei in jenem Fleckchen Erde zur Welt kamen, lebten und starben. Die Vertreter der betroffenen Religionen, der Jude David, der Christ Jesus und der Moslem Mohammed zeigten, im geographischen Sinn, nicht sehr viel Phantasie, blieben sie doch mehr oder weniger eng an Jerusalem hängen, dem Heiligen Land, wie man die Stadt und das umliegende Gebiet wegen ihres Wirkens dort nannte. Was an Jerusalem nun so besonders schön sein soll, ist eigentlich nicht ganz ersichtlich. Zumindest von der Lage her bietet die Stadt höchstens Durchschnittliches: Sie liegt nur ein paar Schritte von der judäischen Wüste entfernt, verfügt über keine Landwirtschaft und keine Bodenschätze und hat auch kein Meer, keine Seen oder andere Naturschönheiten aufzuweisen. Die entsprechenden klimatischen Verhältnisse kann man sich vorstellen. Der griechische Geograph Strabon, ein Zeitgenosse Jesu, beschrieb sie uns verständlicherweise als einen Ort, für den kein Staat der Welt eine Menschenseele opfern würde. Während Rom sich mit sieben Hügeln brüsten kann, besitzt Jerusalem nur zwei, den Kidron und den Zion (daher die Bezeichnung «Zionismus»). Das Tal zwischen diesen Hügeln ist dermaßen mit Geröll angefüllt, dass man eigentlich schon nicht mehr von einem Tal sprechen kann. Und doch wollten es immer schon alle haben, sehnten sich alle danach und betrachteten es als Gelobtes Land. Vor Jahrtausenden eroberten es die Ägypter, später die Araber, die Nordisraeliten, die Südisraeliten, die Assyrer, die Babylonier und schließlich die alten Römer mit Pompeius, der Jerusalem im Jahr 63 v. Chr. zur Hauptstadt der östlichen Provinzen machte.

Im Mittelalter, oder zumindest bis zum Jahr 1000, war es Mode, an einem Pilgerzug ins Heilige Land teilzunehmen. Das schien der einfachste Weg, um sich einen Platz im Himmel vorzubestellen (wobei der Weg in Wahrheit alles andere als einfach war). Eine der ersten Pilgerinnen war Helena, die Mutter Kaiser Konstantins des Großen. Ergriffen besuchte sie die Grotte von Bethlehem, den Garten Gethsemane, den Ölberg und die Stelle, von wo Jesus in den Himmel aufgefahren sein soll. Ihr zu Gefallen errichtet der Sohn daraufhin an dem Ort, von dem man annahm, dass Jesus dort begraben wurde, die Grabeskirche (das Heilige Grab), die wichtigste Kultstätte der Christenheit. Von nun an taten es ihr Tausende und Abertausende von Christen nach und zogen, die einen übers Meer, andere über Land, nach Palästina. Im 5. Jahrhundert schon erreichte die Zahl der Pilgerfahrten (sowohl einzeln als auch in Gruppen) einen ersten Höhepunkt. Es war auch zu jener Zeit, als die oströmische Kaiserin Eudokia Jerusalem zu ihrem Zweitsitz machte und damit begann, eine große Reliquiensammlung aufzubauen. Ihr Prunkstück war dabei, neben anderen geweihten Gegenständen, sicher ein Gemälde der Jungfrau Maria von Hand des heiligen Lukas. Die Idee machte Schule, und fortan kannte die Sammelleidenschaft der Gläubigen keine Grenzen mehr: Jeder Pilger brachte sich aus dem Heiligen Land ein kleines Andenken mit, das in irgendeiner Weise mit dem christlichen Glauben zu tun hatte, etwa einen Finger des heiligen Stefan, einen Daumen von Johannes dem Täufer, ein Haarbüschel vom heiligen Paulus, einen Splitter vom Heiligen Kreuz, einen der Nägel, mit denen Jesus ans Kreuz geschlagen wurde, eine Ampulle mit Christi Blut und dergleichen mehr. Ob echt oder falsch, spielte dabei keine Rolle. Um diese Flut an Reliquien aufzunehmen und entsprechend zu würdigen, wurden überall in Europa Kirchen und Kultstätten errichtet. Kurzum, alles ging seinen geregelten Gang, bis die Moslems eines Tages auf die Pilgerscharen, die beständig aus dem Abendland zu ihnen kamen, aufmerksam wurden und damit begannen, den «Ungläubigen», wie sie die Christen üblicherweise nannten, das Leben schwer zu machen.

Resultat: Zum einen wegen Räuberbanden, zum anderen wegen der Araber gelang es immer weniger Pilgern, das Heilige Land heil und gesund zu erreichen. Irgendwann kamen dann in Europa Leute, die ihren politischen Einfluss zu vergrößern trachteten, auf die Idee, Truppen, also starke Kontingente von Rittern, aufzustellen, die die Pilgerzüge schützen sollten. Nur war es normalerweise kein leichtes Unterfangen, solch einen Kreuzzug auszurüsten: Neben kräftigen jungen Männern brauchte man Helme, Schilde, Waffen und vor allem Pferde in ausreichender Zahl. Die Teilnehmer nannten sich Kreuzfahrer, weil auf ihren Röcken, Umhängen und Schilden riesige rote Kreuze prangten.

Um von allen Kreuzzügen zu berichten, wäre ein eigenes Buch erforderlich, und vielleicht würde dies noch nicht einmal ausreichen. Hier in unserem Rahmen soll es mehr darum gehen, verständlich zu machen, wie es im Mittelalter zu diesen teils religiös, teils politisch motivierten Unternehmungen gekommen ist. Dazu sehen wir uns nun einmal die acht Hauptkreuzzüge mit ihren wichtigsten Ereignissen und Hauptakteuren an.

Erster Kreuzzug (1096–1099). Betreiber: Papst Urban II. und Peter von Amiens, auch «der Eremit» genannt. Letzterer war ein Irrer, der mit nackten Füßen einen Esel ritt, kein Fleisch aß und sich nur von Wein ernährte. Er zog durch die Dörfer und brüllte aus vollem Hals: «Auf ins Heilige Land! Auf ins Heilige Land! Wer ins Heilige Land zieht, wird selbst ein Heiliger.» Und die Leute folgten ihm, ob zu Fuß oder zu Pferd. Eine der Hauptfiguren des ersten Kreuzzugs war Gottfried von Bouillon, der Herzog von Niederlothringen, der von Regensburg auszog und Österreich, Ungarn, Rumänien und Bulgarien durchquerte, um im Jahr 1099 in Jerusalem einzutreffen. Auf der Reise tötete er alle, die das Pech hatten, seinen Weg zu kreuzen, und sich weigerten, zum christlichen Glauben überzutreten, also Mohammedaner, Juden und sogar den einen oder anderen orientalischen Christen, den mangelnde Sprachkenntnisse daran hinderten, sich rechtzeitig als solchen zu erkennen zu geben. Das Unternehmen erreichte seinen Höhepunkt mit der Einnahme von Jerusalem. Bei der angeblich heroischen Tat handelte es sich in Wahrheit um ein furchtbares Gemetzel: In nicht mal drei Tagen wurden mehr als zwanzigtausend Menschen abgeschlachtet, und das im Namen Jesu, der tausend Jahre zuvor gepredigt hatte: «Liebe deinen Nächsten wie dich selbst.»

Zweiter Kreuzzug (1147–1149). Betreiber: Papst Eugen III. und Bernhard von Clairvaux. Beteiligt auch Kaiser Konrad III. und der französische König Ludwig VII. Alle brannten darauf, die Moslems zu besiegen, aber die Sache endete mit einer Blamage für unsere Vorfahren. Der Angriff auf die Mauern von Damaskus schlug fehl, und auch die anschließende Flucht geriet zur Katastrophe. Die türkische Reiterei setzte den Kreuzfahrern nach und dezimierte sie mit vergifteten Pfeilen. Der Rückweg nach Europa war mit Leichen und Pferdekadavern gepflastert.

Dritter Kreuzzug (1189–1192). Unter allen Kreuzzügen ist er mir der liebste, allein schon wegen der Besetzung. Es treten auf der deutsche Kaiser Friedrich I. Barbarossa (der gerade mal ein Jahr später in einem Fluss ertrank), der englische König Richard Löwenherz sowie der französische König Phillip II. Auf der Gegenseite Yussuf ibn Ayyub Salah-ad-Din, auch Saladin genannt, der Jerusalem für den Islam zurückerobert hatte. Der Kreuzzug endete nach einjährigen Kämpfen mit einem Abkommen: Die Christen sollten das Heilige Land besuchen dürfen, wann immer sie wollten, unter der Voraussetzung, dass sie sich die heiligen Stätten nur ansehen, dort beten und innerhalb von vierundzwanzig Stunden wieder die Heimreise antreten würden.

Vierter Kreuzzug (1202–1204). In die Wege geleitet von Papst Innozenz III. und heftig gefordert von den Venezianern, die von dem Dogen Enrico Dandolo ausgerüstet wurden. Mehr als um einen Kreuzzug handelte es sich um einen Ausrottungsfeldzug. Anstatt Kurs aufs Heilige Land zu nehmen, machten die Kreuzfahrer, speziell venezianischer Interessen wegen, einen Abstecher Richtung Konstantinopel und plünderten die Stadt sowie auch alle anderen Städte, die auf dem Weg dorthin lagen. Tausende von Byzantinern machten sie nieder und gründeten das «Lateinische Kaisertum» mit Balduin von Flandern an der Spitze.

Fünfter Kreuzzug (1217–1221). Gefordert von Papst Honorius III., wurde er von Andreas II. von Ungarn und Johannes von Brienne angeführt. Dieses Mal erfolgte der Angriff aus dem Süden, genauer, aus Ägypten. Doch kaum im Heiligen Land angekommen, mussten die Kreuzfahrer bald schon wegen eklatanter zahlenmäßiger Unterlegenheit Fersengeld geben. Dies war der Kreuzzug, an dem auch der heilige Franziskus, natürlich unbewaffnet, teilnahm (siehe Kapitel XV).

Sechster Kreuzzug (1228–1229). Von Friedrich II., der damals von Papst Gregor IX. exkommuniziert war, in Angriff genommen, erwies sich dieses Unternehmen als der Kreuzzug mit den wenigsten Toten und Verwundeten der Geschichte, wurde er doch, zumindest in der ersten Zeit, mehr am Verhandlungstisch als auf den Schlachtfeldern ausgetragen. Der Kaiser erreichte (gegen entsprechende Zahlungen?) die Herausgabe Jerusalems, Bethlehems und Nazareths und krönte sich selbst zum König von Jerusalem. Dann, nach einem Waffenstillstand von rund zehn Jahren, wurde er bei Gaza geschlagen und musste nach Europa zurückkehren. Manche Historiker sehen in diesem Kreuzzug nur eine Fortführung des vorhergehenden.

Siebter Kreuzzug (1248–1254). Ebenfalls von Ägypten ausgehend, wurde dieser Kreuzzug von Papst Innozenz IV. initiiert und vom französischen König Ludwig IX. in Szene gesetzt. Er endete kläglich. König Ludwig selbst geriet in Gefangenschaft und kam erst gegen eine hohe Lösegeldzahlung an die Moslems sowie die Herausgabe zuvor eingenommener Gebiete wieder frei.

Achter Kreuzzug (1270). Der zweite Versuch Ludwigs IX.; auch dieser zum Scheitern verurteilt. In der Absicht, sich für die Schmach des vorhergegangenen Kreuzzugs zu rächen, machte er sich mit starken Truppen nach Tunis auf. Doch noch bevor er einen Fuß an Land gesetzt hatte, erkrankte er an der Pest. Nach einer Woche starb er, und der Kreuzzug löste sich auf. Zum Ausgleich dafür erwarb er sich die Heiligsprechung durch das Wohlwollen der Nachgeborenen.

Fazit: Acht Kreuzzüge, achtmal Metzeleien ohne Ende und ein einziger Auftraggeber: die Kirche. Wenn wir uns die historischen Ereignisse anschauen, die die meisten Todesopfer gefordert haben, stellen wir fest, dass an der Spitze nur allzu oft religiöse Führer standen. Ob sie nun David, Urban II. oder Bin Laden heißen, ändert nichts an der Sache.

An dieser Stelle möchte ich nun aber das Thema Heilige Kriege noch ein wenig ausweiten und näher auf den Sultan Yussuf ibn Ayyub Salah-ad-Din, auch als der blutrünstige Saladin bekannt, eingehen. Denn so seltsam es sich anhört, spielte dieser entsetzliche Mann in meinem Jungenddasein zu Ende der dreißiger Jahre ein wichtige Rolle.

Damals schrieb die Schokoladenfirma Perugina im Anschluss an eine erfolgreiche Radiosendung mit dem Titel «Die vier Musketiere» einen Wettbewerb mit Sammelbildchen aus, dem ein enormer Erfolg beschieden war. Bald schon sprach man in Italien von nichts anderem mehr. Dabei handelte es sich um Bildchen, die alle Personen eines Romans von Nizza und Morbelli darstellten. Der Zufall (oder ein Plan?) wollte es nun aber, dass nicht alle Bildchen in gleicher Zahl gedruckt worden waren. In kürzester Zeit waren einige schon unauffindbar, woraus sich sofort die verschiedenen Notierungen mit den entsprechenden Verhandlungen entwickelten.

Vor dem Laden von Perugina auf der Piazza Martiri in Neapel drängten sich die Sammler, die alle Jagd auf die seltensten Bildchen machten. Ich war damals erst zehn Jahr alt, und da das Handschuhgeschäft meines Vaters direkt neben dem von Perugina lag, entwickelte ich mich angesichts der lokalen Gegebenheiten rasch zu einer Art Tauschagent für unauffindbare Sammelbildchen. Neben dem «Blutrünstigen Saladin» spezialisierte ich mich auf die «Schöne Sulamith» das «Pikinesenhündchen» und die «Töchter des Ramses». Wer hinter diesen Bildchen her war, hatte mit meiner Wenigkeit in Verhandlungen zu treten. Darüber hinaus ließen mir die Verkäuferinnen von Perugina immer mal wieder kostbare Einzelstücke zukommen. Die Aktion war mittlerweile so populär geworden, dass die EIAR (die RAI der damaligen Zeit) gezwungen war, die Berichte von den Fußballplätzen am Sonntag nach dem Mittagessen zu verschieben, um dem Radioorchester Gelegenheit zu geben, die Liedchen der beliebtesten Figuren zu spielen. So erinnere ich mich an das von König Ludwig:

Sta Luigi re di Francia
con tre pulci sulla pancia:
una salta e l'altra vola,
l'altra spara la pistola.[1]

Oder die Verse, die der unvergessene Nunzio Filogamo in der Rolle des Musketiers Aramis sang:

O Saladino, col fez e lo spadino,
gran saracino sei stato tu.
Provocate hai tu quelle crociate
che abbiamo studiate in gioventù.[2]

Ein Bildchen des «Blutrünstigen Saladin» brachte mindestens hundert Lire ein, was über den Daumen gepeilt dreihundert-

[1] «Ludwig, König von Frankreich / hat drei Flöhe auf dem Bauch: / Der eine springt, der andere fliegt / der dritte schießt mit der Pistole.» (Anm. d. Übers.)

[2] «O Saladin, mit Fez und Schwert, / ein großer Sarazene warst du. / Entfesselt hast du jene Kreuzzüge, / über die wir in der Jugend lernten.» (Anm. d. Übers.)

tausend Lire oder hundertfünfzig Euro heutzutage entspricht (das waren die Zeiten des Schlagers «Se potessi avere mille Lire al mese» – «Ach, hätte ich doch tausend Lire im Monat»). Für hundertfünfzig vollständige Alben sollte man einen Fiat Topolino bekommen. Doch so sehr ich mich auch bemühte, über drei fertige Alben bin ich nicht hinausgekommen.

XVIII

Die Hexen

Wie ging es eigentlich den Frauen im Mittelalter? Schlecht, sehr schlecht sogar, würde ich sagen, ein wenig schlechter noch als den Afghaninnen unter den Taliban. So durften sie nicht aus dem Haus, durften nicht mit Fremden sprechen, und Bildung, Macht und Einfluss waren natürlich den Männern vorbehalten (andererseits ist auch meine eigene Mutter, obwohl sie in weit moderneren Zeiten lebte, in der ersten Hälfte des 20. Jahrhunderts nämlich, und aus einer so genannten «guten Familie» kam, nicht über die dritte Volksschulklasse hinausgekommen). Nur den Jungen war es also erlaubt, höhere Schulen zu besuchen. Die Mädchen hatten schön brav zu Hause zu bleiben und darauf zu warten, dass ein (möglichst reicher) Interessent um ihre Hand anhielt. Und die Wahl lag höchst selten bei der direkt Betroffenen, sondern bei den Eltern oder einer Mittelsperson. Aber wie hätte sich ein Mädchen auch einen Bräutigam aussuchen sollen, wenn es ihr nie erlaubt war, auch nur die Nase aus der Haustür zu stecken?

Üblicherweise spielte sich der Tagesablauf einer Frau zwischen Bett und Küche oder aber zwischen Küche und Bett ab. War sie besonders schön, wurde sie im Gynäzeum unter Hausarrest gestellt.

Natürlich hatte das Los der Frauen in der Antike, zum Beispiel zur Zeit des Perikles in Griechenland, auch nicht viel anders ausgesehen. Erwähnt sei nur eine kleine Episode, um das deutlich zu machen. Es ist der letzte Tag im Leben von Sokrates.

Der große Philosoph sitzt, umringt von seinen treuen Schülern, in seiner Zelle, als auch seine Frau Xanthippe zu ihm eingelassen wird.

«O Sokrates», ruft sie, geht auf ihn zu und versucht ihn zu umarmen, «heute sehe ich dich zum letzten Mal! Unschuldig stirbst du.»

Woraufhin sich Sokrates als Antwort nur an Kriton wendet und ihn auffordert. «Schafft sie fort. Wenn die hier ist, kommen wir wieder nicht zum Reden.»

Im Mittelalter sah man in der Frau eine Art lebendes Sinnbild der Erbsünde. Eine «Pforte des Satans», um es mit Tertullian zu sagen. In der Wertschätzung stand ganz oben die Jungfrau, darunter die Witwe und auf dem dritten Platz die Verheiratete. Um das Jahr 1000 brauchte es nicht viel, um eine attraktive Frau dem Untergang preiszugeben. Es reichte, das Gerücht in Umlauf zu setzen, die Betreffende habe Verkehr mit dem Teufel gehabt, und die Ärmste war erledigt. Sie wurde auf dem Scheiterhaufen verbrannt, allerdings erst nach langen Folterungen, bei denen sie in allen Einzelheiten gestehen musste, was sie angeblich so alles mit dem Teufel getrieben hatte. Eine solche Szene ist in Ingmar Bergmans Meisterwerk, *Das siebente Siegel*, zu sehen. In dem Film tritt ein Kreuzfahrer, gespielt von Max von Sydow, auf eine vermeintliche Hexe zu und fragt sie, ob sie tatsächlich mit dem Satan verkehrt habe. Und sie, die arme Frau, an ein Kreuz gebunden und die Handgelenke durch die Folter gebrochen, bejaht mit kaum vernehmlicher Stimme, weil sie nicht mehr die Kraft hat, es von sich zu weisen. Danach erwartet sie der Scheiterhaufen.

Karl der Gütige erzählt: «In einer Straße in Lille trat einmal eine Frau auf den Grafen von Thierry zu und bespritzte ihn mit Wasser. Noch selbigen Tags erkrankte der arme Graf am Magen, so dass er nichts mehr zu sich nehmen konnte, ohne sich sogleich zu erbrechen. Daher befahl ich meinen Reitern, mir die Hexe zu bringen, sie an Hände und Füßen zu binden und bei lebendigem Leibe zu verbrennen.» Und das war Karl der Gütige; was hätte er erst getan, wäre er «böse» gewesen.

Besonders viele Frauen wurden im 13. und 14. Jahrhundert verbrannt, zu jener Zeit also, als die Inquisition das Sagen hatte. In Toulouse, dem Sitz der französischen Inquisition, brachte man im Jahr 1244 die erste Hexe auf den Scheiterhaufen. Berühmt wurde auch der Leidensweg der heiligen Wilhelmine von Böhmen. Die schlimmste Anklage lautete auf Teilnahme an einem Hexensabbat. Was war darunter zu verstehen? Nun, dabei handelte es sich um eine Art Fest, bei dem die Teilnehmerinnen zunächst einmal auf Besen reitend eintrafen. Dann ließ man sich zu einem Bankett nieder, wie man es sich obszöner nicht vorstellen kann, und schließlich kam es zur großen Orgie, bei der sich alle wild miteinander paarten: Hexen, Dämonen, Affen, monströse Hunde mit zwei Genitalien, Wölfe, Esel und so weiter.

Am Hexensabbat nahmen alle möglichen Männer und Frauen jeden Alters und jeden Standes teil, vor allem aber Menschen, die mit ihrem Leben unzufrieden waren, einsame Frauen, Witwen, alte Jungfern, Huren. Das waren die «Hexen», eine Bezeichnung, die sich von strix (ital. strega) *herleitet, dem nächtlichen Raubvogel ovidianischen Angedenkens, dem Sinnbild einer finsteren Welt der Schrecken und Gefahren. Der Ablauf folgte einem festen Kanon: zunächst die Ankunft auf einem Besen oder Knüppel, dann die Huldigung des Teufels, die umgekehrte Taufe, das Bankett, die Tänze und zum*

Schluss die enthemmte Orgie, die sich bis zum Morgen hinzog.[1]

Zu den schwersten Vorwürfen zählte es, dem Teufel gehuldigt, also ihm den Anus geküsst zu haben, weiterhin das Trinken von Menschenblut und der Verzehr des zarten Fleisches von Neugeborenen. Natürlich waren das alles reine Hirngespinste, die aber leider ausreichten, um viele Unglückliche auf den Scheiterhaufen zu bringen.

Als bester Beweis, sich der Hexerei schuldig gemacht zu haben, galt in vielen Ländern das Gottesurteil der so genannten Wasserprobe, bei der die Beschuldigte in einen Fluss oder Teich geworfen wurde. Ging sie nicht unter, war sie eine Hexe, denn das reine Wasser weigerte sich, sie aufzunehmen. Zu jener Zeit trugen aber viele Frauen unter ihren langen, schweren Röcken noch verschiedene Unterröcke, Unterkleider, Mieder und dergleichen, so dass die Wahrscheinlichkeit, nicht zu versinken, weil die Kleider eine Art Schirm auf dem Wasser bildeten, relativ groß war …

Erst in neuerer Zeit, 1968 nämlich, vollzog sich für die Frau der Übergang vom untergeordneten Wesen zu einem dem Mann in allem gleichgestellten Menschen. Daher sollten wir immer, wenn wir uns über die Lebensgeschichte einer Frau unterhalten, darauf hinweisen, ob sich die entsprechenden Ereignisse vor oder nach dem Anbruch des «Zeitalters der Frau» zugetragen haben. Mein Schwester Clara zum Beispiel hatte bis zu ihrer Ehe, die sie mit dreißig einging, noch nie allein das Haus verlassen. Ich kann mich noch erinnern, wie ich kurz vor

[1] Vgl. Tersilla Gatto Chanu, *Le streghe* (Die Hexen), Rom 2001, S. 11 (liegt nicht in deutscher Übersetzung vor, Anm. d. Übers.)

ihrer Hochzeit einmal mit unserer Mutter aneinander geriet, weil sie von mir verlangte, dass ich die beiden Verlobten zum Kauf der Hochzeitsbonbonniere begleiten sollte. «Lass sie ja nicht allein», schärfte sie mir ein, «auch nicht im Aufzug.» «Aber die beiden heiraten in einer Woche!», wehrte ich mich. «Ja, schon», räumte meine Mutter ein, «aber man kann nie wissen. Und außerdem, was sollen die Leute denken, wenn sie die beiden allein auf der Straße sehen?» Und dies geschah nicht im Mittelalter, sondern im Neapel des Jahres 1953.

In der Vorstellung, dass die Frau ein untergeordnetes Wesen sei, waren sich einfaches Volk und Gebildete völlig einig. Als Abaelardus, auf den wir gleich ausführlicher zu sprechen kommen werden, jene Stelle in der Bibel kommentierte, an der es heißt: «Gott der Herr schuf den Menschen nach seinem Bild und Gleichnis», stellte er klar, dass sich das «Bild» Gottes auf den Mann und sein «Gleichnis» auf die Frau beziehe. Und Thomas von Aquin schreibt in seiner *Summa contra gentiles* ohne ein Blatt vor den Mund zu nehmen, die Seele der Frau sei von minderem Wert, im Grunde also nicht mehr als ein «Seelchen». Und dennoch waren sowohl Abaelard als auch Thomas von Aquin Denker von höchstem Niveau.

Reste dieser Vorurteile finden sich auch heute noch bei so manchem meiner Landsleute. Sieht in Neapel zum Beispiel ein Autofahrer, dass am Steuer des Wagens, der plötzlich ohne den Blinker zu setzen vor ihm abbiegt, eine Frau sitzt, wird er unweigerlich ausrufen: «*È 'na femmena!*», «Natürlich, eine Frau!»

XIX

Abaelard

Sollte ich eines Tages im Fegefeuer landen und einen guten Anwalt brauchen, wüsste ich schon, wen ich mir nehmen würde: Petrus Abaelardus. Da könnte ich sicher sein, auf direktem Weg in den Himmel zu gelangen. Geschickter und überzeugender in der Kunst der Rede war vor oder nach ihm niemand mehr.

Das große Bangen des Jahres 1000 war gerade überstanden, und alle stürzten sich wieder ins Leben, genossen es, sich zu treffen, zu unterhalten und, wenn nötig, auch zu streiten. Was Streit anging, war nun Abaelard niemand gewachsen. Zwei Schulen besuchte er als junger Mann, und in allen beiden flog er schon nach wenigen Monaten raus. Die jeweiligen Lehrer, die berühmten Roscellinus von Compiègne und Wilhelm von Champeaux setzten ihn mit Fußtritten auf die Straße, hatte er doch die Frechheit besessen, zu Beginn jeder Unterrichtsstunde aufzustehen und ihre Lehrmeinung anzugreifen. Und das Schlimmste dabei war, dass er, unter dem Beifall der Kameraden, jedes mal Recht behielt. Auch wenn das Thema fast immer die Universalien waren, ging es Abaelard wohl mehr darum, den rhetorischen Zweikampf zu gewinnen. Er ertrug es nicht, wenn jemand ihm gegenüber ungenau argumentierte. Dann gab er so lange keine Ruhe, bis man ihm schließlich zustimmen musste.

Mit Petrus Abaelardus verschärft sich der Kontrast zwischen Dialektik und Mystizismus. Zumindest auf den ersten Blick, da sich unser Philosoph der Dialektik nur bediente, um den Grundsätzen der Theologie Geltung zu verschaffen. Seiner Ansicht nach sind es drei Gottheiten, die wirklich zählen, und zwar: Gottvater (oder *die Macht*), Gottsohn (oder *die Weisheit*) und der Heilige Geist (oder *die Gnade*). Darüber hinaus amüsierte er sich damit, sich über die Universalien zu verbreiten, was nicht verwunderlich ist, da man zu jener Zeit praktisch kein anderes Thema kannte. Er äußerte sich dazu allerdings nur, um zu beweisen, dass es, als Zeugnis der Existenz Gottes, etwas Gemeinsames in der offensichtlichen Vielfalt der Arten geben müsse. Über diese These stritt er sich mit allen, auch mit seinen Lehrmeistern Roscellinus und Wilhelm von Champeaux. Für Roscellinus gab es die Allgemeinbegriffe überhaupt nicht, waren sie ihm doch bloß eine Folge von Lauten *(flatus vocis)*. Für Wilhelm hingegen gab es sie, und wie! Seiner Meinung nach waren sie alle sogar im Geist Gottes angeordnet. Hier drängte sich nun Abaelard in den Vordergrund und vertrat eine dritte Position. Die Allgemeinbegriffe, sagte er, seien weder bloße Wortzeichen noch Dinge, sondern die Fähigkeit der menschlichen Seele, das Unveränderliche in der Vielfalt wahrzunehmen. Mit anderen Worten, der Mensch hat die verschiedensten Gattungen erst ausgemacht und nicht im vorhinein besessen. In seinem Buch *Sic et non* («Ja und Nein») schreibt er: «Das Allgemeine kann keine Realität sein, weil eine Realität nicht das Prädikat einer anderen Realität sein kann.»

Abaelard ging vielen auf die Nerven, vor allem Bernhard von Clairvaux, dem eigentlichen Gründer des Zisterzienserordens. Nicht verwunderlich, denn ein freier Geist wie Abaelard musste diesem frommen Mönch und Verfechter der reinen Lehre ja ein ständiger Dorn im Auge sein. Aber Bernhard war unser Philosoph nicht nur zu intellektuell und zu unbefangen in seinen Worten, sondern er hielt ihn auch für zügellos. Denn mochte sich Abaelard noch so anstrengen, gewisse Episoden seines Lebens geheim zu halten, irgendwann kam, wie wir noch sehen werden, alles heraus. Darüber hinaus war es Abaelards' Ethik selbst, die mit dem Mystizismus Bernards ins Gehege kam. Vereinfacht ausgedrückt, bestand Abaelards' Ethik in der Überzeugung, dass Gut und Böse keine Werte an sich seien, sondern lediglich zwei verschiedene Möglichkeiten zu handeln, wobei er der Absicht eine sehr viel größere Bedeutung beimaß als dem Tun selbst. Für unsere Absichten aber könne uns nur Gott allein, da nur er um sie wisse, eines Tages verurteilen. Eine Auffassung von der Sünde, mit der Abaelard nicht weit von dem berühmten Satz des Augustinus «Liebe mit reinem Herzen und tu, was du willst» entfernt war.

Abaelard wurde fast mehr durch seine privaten Affären als durch seine philosophischen Erkenntnisse bekannt. Es fällt heute nicht schwer, seine Lebensgeschichte zu erzählen, hat er selbst doch in einem sehr ausführlichen Brief an einen Freund mit dem Titel *Historia calamitatum (Geschichte meiner Heimsuchungen)* all das beschrieben, was er so erlebt hat, vom Tag seiner Geburt an bis zu dem Zeitpunkt, da er, schon in der Mönchskutte, beinahe von anderen Mönchen, die ihn um seine Fähigkeiten beneideten, ermordet worden wäre. Hier nun einige erhellende Auszüge.

Geboren wurde ich in einem Ort namens Palais, ungefähr acht Meilen östlich von Nantes, im Grenzgebiet der Bretagne. Meine Empfänglichkeit für die Wissenschaft und die Literatur verdanke ich meiner Heimat sowie auch meinem Vater. Die-

ser hatte schon vor dem Ritterdienst ein wenig studiert und schwärmte später für die wissenschaftliche Bildung. Deshalb sollten sich, wie es auch wirklich geschah, alle seine Söhne wissenschaftlich ausbilden, ehe sie das Waffenhandwerk erlernten. Als Erstgeborener war ich sein Augapfel; darum legte er bei mir auch besonderen Wert auf sorgfältigen Unterricht. Von der ganzen Philosophie sagte mir die Logik am meisten zu. Für ihre Waffen gab ich die Ritterwaffen auf und zog überall hin, wo man mir die Hauptsitze der Wissenschaft rühmte, und wurde ein Wanderphilosoph im Sinne des Altertums. Schließlich kam ich auch nach Paris, wo Wilhelm von Champeaux mein Lehrer wurde.[1]

Und hier beginnen dann die Probleme. Der Magister Wilhelm von Champeaux nimmt ihn zunächst mit offenen Armen auf, um ihn dann, nachdem Abaelard ihn vor den Augen seiner eigenen Schüler widerlegt hatte, unsanft auf die Straße zu setzen. Doch ein Abaelardus lässt sich durch solch eine Lappalie nicht entmutigen. Er zieht ins ungefähr fünfzig Kilometer von Paris entfernte Melun und eröffnet dort seine eigene Schule. Dazu erklärt er:

Gleich diese erste Vorlesungstätigkeit ließ meine Meisterschaft in der Logik überall bekannt werden und brachte den Stern meiner früheren Kommilitonen zum Sinken, ja sogar den meines alten Lehrers, Wilhelm von Champeaux.[2]

Nun ist Abaelardus nicht mehr zu bremsen: In Corbeil eröffnet er eine zweite Schule, und als er erfährt, dass sein früherer

[1] Vgl. Abaelard, *Geschichte meiner Heimsuchungen*, 1. Brief in *Briefe*
[2] Vgl. ebda.

Lehrer und Feind Wilhelm von Champeaux in Pension gegangen ist, schnappt er seinem vorgesehenen Nachfolger den Posten weg. Wenn auch nur für kurze Zeit ...

Ich leitete die Schule noch gar nicht lange, als Wilhelm vor Neid geradezu krank wurde und sich in seinem Schmerz unsagbar verzehrte. Lange hielt er es nicht aus, sein Missgeschick brannte ihn zu sehr, und so machte er sich mit List und Tücke daran, mich auch jetzt wieder aus dem Sattel zu heben. Ich ging zurück nach Melun und hielt meine Vorlesungen wie zuvor. Mein Ruhm wuchs, und so verfolgte mich Wilhelm weiter mit seiner Eifersucht, denn, wie Ovid schreibt: Großem nahet der Neid, und der Wind umbrauset die Wipfel.[3]

Doch während er noch von Schule zu Schule zieht und sich mit seiner ausgefeilten Dialektik einen Namen macht, geschieht etwas Einschneidendes. Abaelardus begegnet der jungen Heloisa, und sein Leben verändert sich auf einen Schlag. Mit anderen Worten: Sein Interesse für das andere Geschlecht wird geweckt.

Vor dem schmutzigen Verkehr mit Dirnen hatte ich immer einen natürlichen Abscheu, und zu gesellschaftlichem Verkehr mit Frauen der Adelsschicht kam es nicht, weil mich meine Vorlesungen völlig beschäftigten. Doch bei Heloisa war alles anders. Sie war, ohne damit aufzufallen, eine anmutige Erscheinung, und an den ersten Platz rückte sie ihre ausgedehnte Bildung. Eine solche Bildung ist bei Frauen eine Seltenheit, deshalb war Heloisas Anziehungskraft besonders stark, und man sprach im ganzen Land mit größter Wärme von ihr. Was

[3] Vgl. ebda.

einen Mann zur Liebe verlocken mag, sah ich bei ihr vereint. Sie war die Nichte eines Kanonikers, Fulbert mit Namen, der sie zärtlich liebte.[4]

Es kommt, wie es kommen musste: Abaelard und Heloisa verlieben sich ineinander. Er ist vierzig, sie sechzehn. Um sie häufiger und in größerer Freiheit sehen zu können, mietet sich der Philosoph sogar im Haus ihres Onkels ein.

Ich sagte, eine eigene Haushaltung mit allem Drum und Dran störe mich in meinem Gelehrtenberuf und sei mir auch zu teuer. Und da Fulbert immer recht viel Geld machen und seine Nichte recht viel lernen lassen wollte, nahm er mich bei sich auf. Er gab Heloisas weitere Ausbildung ganz in meine Hand, und ich solle sie doch unterrichten, wann meine Vorlesungen mir Zeit dazu ließen, bei Tag oder bei Nacht; und hätte ich den Eindruck, sie sei faul, so solle ich sie ohne Gnade züchtigen. Diese Arglosigkeit verwunderte mich doch erheblich. Ich hätte nicht verblüffter sein können, wenn er sein zartes Lämmlein einem heißhungrigen Wolf zu hüten gegeben hätte. Die Bücher lagen offen da, Frage und Antwort drängten, doch wir sprachen über die Liebe und vergaßen die Philosophie. Es gab mehr Küsse als Erläuterungen, und meine Hand hatte oft mehr an ihrem Busen zu suchen als im Buch. In unserer Gier genossen wir jede Abstufung des Liebens, wir bereicherten unser Liebesspiel mit allen Reizen, welche die Erfinderlust ersonnen. Bald darauf merkte Heloisa, dass sie schwanger war. Ganz außer sich vor Freude erzählte sie es mir und fragte mich um Rat. Wir beschlossen zu fliehen, und als der Onkel einmal über Nacht wegblieb, entführte ich sie aus seinem Haus und brachte sie zu

[4] Vgl. ebda.

meiner Schwester in die Bretagne. Dort gebar sie dann einen Knaben, dem wir den Namen Astrolabius gaben.[5]

Nun kehren sie nach Paris zurück, wo Abaelard Heloisa heiratet. Um einen Skandal zu vermeiden, findet die Trauung nachts statt. Getrennt verlassen sie die Kirche und treffen sich von nun an nur noch heimlich. Doch Onkel Fulbert kann es einfach nicht verwinden, dass sich Abaelardus an seiner Nichte vergangen hat, und ...

... er bestrafte mich so grausam und so beschämend, dass die Welt erstarrte. Mein Diener ließ sich von ihm bestechen und führte eines Nachts, als ich ganz ruhig schlief, gedungene Männer in meine Kammer, die entsetzliche Rache nahmen. Sie schnitten mir von meinem Leib die Organe ab, mit denen ich die Tat begangen hatte. Mit Tagesgrauen drängte sich die ganze Stadt vor meinem Haus, starr vor Staunen und unter lautem Jammern. Insbesondere meine Studenten peinigten mich mit ihrem Gejammer und ihrem Wehgeschrei, dass es nicht zum Aushalten war und ihr Mitleid mich stärker brannte als meine Wunde.[6]

Nicht alle jedoch weinen. Sein früherer Lehrer Roscellinus macht sich sogar über ihn lustig. Er lässt ihm einen Brief zukommen, indem er erklärt: «Andere Teile deines Körpers sind sehr viel mehr wert. Danke also dem Herrn, dass dir nur jene wertloseren genommen wurden.» Doch Abaelardus ist nicht nach Lachen zumute. Er zieht sich in ein Kloster zurück und fordert Heloisa zu dem gleichen Schritt auf. Während er Mönch

[5] Vgl. ebda.
[6] Vgl. ebda.

in Saint-Denis wird, tritt sie in Argenteuil ins Kloster ein. Von nun an haben sie nur noch schriftlich Kontakt. Aber ihre Briefe sind uns erhalten. Es handelt sich um wirklich faszinierende Zeugnisse, zu deren Lektüre ich nur raten kann.[7] Die ersten vier möchte ich an dieser Stelle zusammenfassen.

Erster Brief – Heloisa an Abaelard

Meinem Herrn, nein, Vater, nein, Gatten, nein, Bruder, von seiner Magd, nein, Tochter, nein, Gattin, nein, Schwester, meinem Abaelard von seiner Heloisa.

Die niederträchtige Schändung, die dein Leib erlitt, zeigt dir, wie viel Neid dich immer umgab, von anderen Universitätslehrern, von Studiengenossen, Rivalen. Aber du weißt, und alle Welt bezeugt es, dass meine Liebe zu dir kein Maß und kein Ziel kannte. Herzliebster, du weißt es, alle wissen es, was ich in dir verloren. Was mich an dich band, war nicht das Sakrament der Ehe, sondern Liebe einzig und allein. Dafür soll Gott mein Zeuge sein. Jeden Befehl von dir habe ich ausgeführt in so blindem Gehorsam, dass ich auf dein Geheiß mich selbst opferte. In dem Namen «Gattin» hören andere vielleicht das Hehre, das Dauernde; mir war es immer der Inbegriff aller Süße, deine Geliebte zu heißen, ja – bitte zürne nicht! – deine Schlafbuhlin, deine Dirne. Gott sei mein Zeuge, wenn der Kaiser käme und sich herabließe, mich zu ehelichen, und mir die ganze Welt zu Füßen legte, wollte ich doch lieber deine Dirne heißen als seine Kaiserin.

Zwei Gaben waren dir vor anderen verliehen. Ein Dichter

[7] Abaelard, *Briefwechsel mit Heloisa*

warst du und ein Sänger, wie es noch keinen Zweiten auf dieser Welt gegeben hat.

In diesem Ton schreibt Heloisa weiter, bis sie, gegen Ende des Briefes, allen Mut zusammennimmt und ihm vorwirft, sie verlassen zu haben:

Beantworte mir nur die eine Frage, wenn du eine Antwort hast.

Wieso bin ich dir unwert geworden, wieso hast du mich vergessen, so dass ich dich nicht sehen oder aus einem Brief von dir Trost schöpfen darf? Gib Antwort, sonst muss ich reden von meinem Verdacht. Meinem Verdacht, dass es mehr Leidenschaft war als Freundschaft, was dich einst zu mir trieb, mehr wollüstige Gier als echte Liebe. Ich beschwöre dich bei Gott, schenk mir deinen Besuch oder schreibe mir wenigstens ein paar Trostworte, damit ich mich an ihnen aufrichten und Gott wieder fröhlich dienen kann. Als du mich zu den Freuden dieser Welt verlocktest, da empfing ich Brief auf Brief von dir. Wecke auch heute wieder Liebe in mir, doch nun die Liebe zu Gott.

Einziger Geliebter, leb wohl!

Und hier zusammengefasst Abaelards Antwort.

Zweiter Brief – Abaelard an Heloisa

An Heloisa, seiner geliebtesten Schwester in Christo, Abaelard, ihr Bruder in Christo. Seit wir uns aus dieser Welt zurückzogen, um Gott zu dienen, habe ich dir noch kein Wort des Trostes geschrieben. Aber nicht aus Gleichgültigkeit, sondern im Vertrauen auf deine Klugheit. Wenn Gottes Gnade einer Frau, so wie dir, in reichem Maße alles geschenkt hat, so durfte ich annehmen, sie brauche meine Briefe nicht. Denn du bist doch die Frau, die in Wort und Werk die Irrenden lehrt, die Kleinmütigen tröstet und die Schwachen aufrichtet. Und das allein durch dein Gebet. So bringe auch mir ein immerwährendes Gebetsopfer, auf dass mir der Herr unser Gott meine vielen schweren Übertretungen verzeihe. Bei Gott und den Heiligen vermag das Gebet der Gläubigen viel, besonders das Gebet der Frauen und Nonnen in ihrer Enthaltsamkeit und Keuschheit. Gedenke stets meiner in deinen Gebeten und lasse nicht nach. Gottvater, dessen bin ich sicher, wird uns dereinst gnädig sein.

Dritter Brief – Heloisa an Abaelard

Ihrem Einziggeliebten nach Christus, seine Einzigliebende in Christus. Zu meinem Erstaunen, Einziggeliebter, hast du gegen die Briefform und die Naturordnung verstoßen und mich im Einleitungsgruß vor dir genannt: Du hast es gewagt, das Weib vor dem Manne zu nennen, die Gattin vor dem Gatten, die Magd vor dem Herrn, die Nonne vor dem Mönch und Priester, die Äbtissin vor dem Abt. Doch noch nicht genug des Befremdenden: Du hättest uns trösten sollen, doch stattdessen hast du uns in die Mutlosigkeit hineingestoßen und die Tränen erst recht wieder fließen lassen, die du trocknen musstest. Denn du schreibst, du seiest bereit zu sterben. Aber wie sollte ich weiterleben ohne dich?

«Wozu muss man denn das Leid noch besonders berufen», sagt schon Seneca, «und vor dem Tod schon sein Leben verlieren?»

Ich Ärmste der Armen, ich Unglücklichste der Unglück-

lichen! Du hattest mich erhoben über alle Frauen, doch so hoch ich gestiegen bin, so tief bin ich gestürzt, gestürzt an dir und an mir zugleich. Zuerst genossen wir die Freuden einer verstohlenen Liebe, und unfein, aber deutlich gesagt, wir buhlten miteinander, und der strenge Richter im Himmel sah es ruhig mit an. Doch das Lager unserer Ehe sah er nicht mit Gnaden an und ließ in seinem Grimm die Hand schwer auf uns niederfallen. Der Satan hat meine Leidenschaft missbraucht, um dich zu verderben. Gesündigt haben wir zu zweit, büßen dafür solltest du allein. Doch auch ich leide. Die Liebesfreuden, die wir zusammen genossen, sie brachten so viel beseligende Süße, ich kann sie nicht verwerfen, ich kann sie kaum aus meinen Gedanken verdrängen. Ich kann gehen, wohin ich will, immer tanzen die lockenden Bilder vor meinen Augen. Sogar mitten im Hochamt drängen sich diese wollüstigen Phantasiegebilde vor und fangen meine arme, arme Seele ganz und gar. «Wie keusch sie ist», rühmen mich die anderen. Sie haben die Heuchlerin noch nicht erkannt. Sie lassen sich von mir täuschen, aber geheilt von dir bin ich nicht. Ich denke an dich, ich liebe dich, ich begehre dich, nicht anders, ja mehr noch als zuvor.

Vierter Brief – Abaelard an Heloisa

Der Braut Christi, der Knecht Christi. Vier Punkte sind es in deinem letzten Brief, in denen du deinem Gekränktsein Worte geliehen hast. Erstens beklagst du dich darüber, dass ich gegen die natürliche Ordnung verstoßen und deinen Namen vor meinem genannt habe. Zweitens hätte ich dich, statt dich zu trösten, gerade erst in die Trostlosigkeit hineingestoßen. Drittens hast du wieder die alten, ewig wiederholten Klagen gegen Gott we-

gen meines Schicksals vorgebracht. Und viertens forderst du mich auf, deine wahren Verdienste nicht zu überschätzen und es zu unterlassen, dich zu loben.

Ich habe mich nun entschlossen, Punkt für Punkt in meiner Antwort zu behandeln. Was die von dir als verkehrt bezeichnete Reihenfolge der Namen in der Briefanrede angeht, so entspricht sie genau der Theorie, die du selbst vorgebracht hast, nämlich bei Briefen an Höhergestellte deren Namen voranzustellen. Und dass du höher stehst als ich, das trifft zu, lass es dir gesagt sein, seit du meines Herrn Christi Braut geworden bist. Zum zweiten Klagepunkt sei daran erinnert, dass du selbst mich beschworest, dich an meinen Ängsten, an meiner Verzweiflung, meinem Leid teilnehmen zu lassen. Doch denke auch daran, was der Apostel schrieb: «Nur dem Leidenden ist es gegeben, in Christo zu leben.» Erinnern möchte ich dich, zu deinem dritten Klagepunkt, an die göttliche Gerechtigkeit. Gott hat seine Gerechtigkeit bewiesen, denn gerecht und heilsam ist die Prüfung, die uns getroffen, angesichts unserer Sünden.

Viertens, du willst nicht gelobt sein! Gut! Eine solche Ablehnung des Lobes macht dich ja noch lobenswerter. Denn es steht geschrieben: «Wer sich selbst erniedrigt, der wird erhöht werden!»

Acht weitere Briefe folgen, die von Heloisa immer herzzerreißender, die von Abaelard alle durchdrungen von Reue und Liebe zu Christus. Was ist davon zu halten? Meiner Ansicht nach war sie eine feinfühlige, wirklich außergewöhnliche Frau und eine ehrliche Haut. Was ihn hingegen betrifft, bin ich mir nicht so sicher: Entweder war er ein Frömmler oder ein durchtriebener Halunke.

Aber damit ist die Geschichte noch nicht zu Ende. Als Erster starb Abaelard im Jahr 1142. Heloisa folgte ihm im Abstand von zweiundzwanzig Jahren, doch bevor sie ihr Leben aushauchte, bat sie den Abt Petrus Venerabilis, dass man sie neben ihrer großen Liebe bestatten möge. Dies sei auch Abaelards letzter Wunsch gewesen. Der Abt entsprach ihrem Wunsch, doch in den folgenden Jahrhunderten wurden ihre Leichname in verschiedene Grabstätten überführt. Gegen Ende des 18. Jahrhunderts beschlossen die Kirchenoberen dann, Abaelard und Heloisa wieder in ein gemeinsames Grab in den Gewölben unter der Kapelle Saint-Leger zu legen, brachten aber vorsichtshalber eine Bleiplatte zwischen den beiden Liebenden an, damit ihre Gebeine die Situation nicht ausnutzen können.

XX

Averroes

Averroes: Ich mag den Namen, er hat einen schönen Klang. Früher gab es mal einen Traber namens Averroes. Ich wettete zehn Lire auf das Pferd und gewann sechzig. Sechzig Lire zu jener Zeit, wohlgemerkt. Eine schöne Erinnerung, denn wann gewinnt man schon mal mit einer Quote von eins zu sechs. Aber ich komme vom Thema ab: Einigermaßen gebildeten Menschen ist Averroes natürlich als mittelalterlicher Aristoteles-Kommentator bekannt.

Obwohl arabischer Abstammung, gehört der 1126 im spanischen Córdoba geborene Averroes oder Ibn Ruschd, wie man will, eher dem abendländischen Kulturkreis an. Als Philosoph war er der rationalste, den wir bislang kennen gelernt haben. Vor allem aber war er ein fanatischer Verehrer des Aristoteles und legte sich mächtig ins Zeug, damit auch andere einen Narren an ihm fraßen. «Mit Aristoteles», sagte er einmal «hat die menschliche Gelehrsamkeit ihren Gipfelpunkt erreicht.» Und um diese Überzeugung auch seinen Mitmenschen klarzumachen, verfasste er gleich drei verschiedene Übersetzungen der Aristoteles-Werke mit drei verschiedenen Schwierigkeitsgraden. Er war nämlich der Meinung, dass es auf Erden verschiedene «Kommunikationssituationen» gebe. Die erste, wenn Philosophen untereinander debattieren, die zweite, wenn Theologen ihre Schüler unterweisen, und die dritte, wenn Prediger zum einfachen Volk sprechen. Daraus folgend seine drei Abhandlungen: *Der große Kommentar*, *Der mittlere Kommentar* und *Der kleine Kommentar*. Ich denke ja, alle Akademiker sollten sich ein Beispiel an Averroes' nehmen und von jeder wissenschaftlichen Arbeit drei Fassungen anfertigen. Damit hätten alle gewonnen. Übrigens gedenkt sogar Dante Alighieri Averroes mit Hochachtung, auch wenn er ihn als Ungetauften notgedrungen in der «Hölle»[1] sieht. Und zwar spricht er dort von «Averroes, des Meisters [Aristoteles'] großem Wegbereiter». Ein wenig seltsam mutet es da an, dass Dante einen von Averroes' leidenschaftlichsten Bewunderern hingegen, Siger von Brabant nämlich, im Paradies platziert und ihm sogar als «ewiges Licht»[2] bezeichnet. Aber was soll man machen? Das sind so die Geheimnisse der *Göttlichen Komödie*!

Zwei Theorien sind es, für die Averroes besonders bekannt wurde. Zum einen die Vorstellung, dass das Universum nicht geschaffen wurde, und zweitens die Überzeugung von der Vereinbarkeit der Philosophie mit dem Koran. Nehmen wir beide mal genauer unter die Lupe.

Averroes vertritt die Ansicht, Gott und das Universum seien gemeinsam, im selben Augenblick, entstanden oder, genauer, sie seien eigentlich überhaupt nicht entstanden, sondern schon immer da gewesen. Diese Aussage lässt sich nur verstehen, wenn man sich klarmacht, dass die Ewigkeit, so verstanden, keine zeitliche Dimension ist: Sie ist kein Film, der mit dem Vorspann beginnt und dem Schriftzug Ende abschließt. So wie es für Averroes falsch ist, «vor Gott» zu sagen, so falsch ist es für ihn auch, «vor dem Universum» zu sagen, denn weder Gott

[1] Dante Alighieri, *Die Göttliche Kommödie. Hölle*, IV. Gesang, Vers 144

[2] Ebda., *Himmel*, X. Gesang, Vers 136

noch das Universum haben ein «Zuvor» oder «Danach». Das einzige göttliche Zugeständnis bestehe darin, die Lebenden glauben zu lassen, dass die Zeit vergeht, während sie tatsächlich, da sie zyklisch ist, nicht nur nicht vergeht, sondern sogar an ihren Ausgangspunkt zurückkehrt. Nach diesem Verständnis von Ewigkeit entfällt nun aber auch die Notwendigkeit, an eine unsterbliche Seele und an ein Jenseits zu glauben, und das war für die Religion natürlich eine unerhörte Provokation.

In seinem Kommentar zu Aristoteles' *Über die Seele* betont Averroes, dass bestimmte Menschen in besonderem Maß dazu befähigt seien, «intelligible Formen von den Bildern oder Trugbildern der Vorstellung zu lösen», also ihren Verstand, im Unterschied zur reinen Wahrnehmung, aktiv einzusetzen. Aber auch diese Intelligenz gehe mit dem Tod, sobald sich der Körper auflöse, für immer verloren. Wie um zu sagen: «Solange du lebst, magst du ja etwas Besonderes sein, aber danach, tut mir Leid für dich, mein Freund, ist auch für dich nichts zu machen.» «Der Tod ist eine große Wasserwaage», wie ein anderer Philosoph, den ich sehr schätze, achthundert Jahre später sagte.

Averroes' zweites großes Anliegen ist es, die Vereinbarkeit der Philosophie mit dem Koran zu beweisen. Und gerade nach dem vorhin Erläuterten war dies für ihn alles andere als eine leichte Aufgabe. Dennoch gab Averroes keine Ruhe, bis er im Koran einige Stellen gefunden hatte, die ihm Recht gaben. Dazu ist allerdings zu bedenken, dass sich in der heiligen Schrift der Mohammedaner immer wieder sich widersprechende Aussagen finden: Da ist einerseits die Rede von einer «Erschaffung aus dem Nichts», andererseits von einer «Verwandlung» von etwas in irgendetwas anderes, und all das, während «Allah, auf seinem Throne sitzend, schaut und über den Wassern schwebt» oder, weniger poetisch ausgedrückt, «sich um seinen eigenen

Kram kümmert». Fest steht aber, dass sich unser Philosoph mit seinen Gedanken Kritik ohne Ende zuzieht. Wer ihn aber angreift, wird seinerseits zur Räson gebracht. Dem Kollegen Al-Ghazzali, der einige Jahre zuvor ein Buch mit dem reißerischen Titel *Destructio philosophorum* (*Die Zerstörung der Philosophen)* geschrieben hatte, in dem er sich gegen Aristoteles und seine Anhänger wendet, antwortet Averroes auf seine Weise mit der Abhandlung *Destructio destructionis philosophorum* (*Die Zerstörung der Zerstörung der Philosophen).*

Allerdings ist es nicht verwunderlich, dass alle, die an ein Jenseits glauben (im Reich Gottes, Jahves oder Allahs spielt hierbei keine Rolle), eine Philosophie ablehnen müssen, die den jeweiligen Priestern gerade jene Werkzeuge aus der Hand schlägt, mit denen sich die Gläubigen am leichtesten erpressen lassen. Wie soll man noch, wenn es kein Jenseits gibt, zu einem Sünder sagen. «Tue Buße, mein Sohn, und bitte den Herrn um Vergebung, sonst sehe ich schwarz für dich, denn das Himmelreich ist dir verschlossen.»

Averroes war zunächst Hofarzt, widmete sich aber von Anfang an neben der Medizin auch der Theologie, der Rechtswissenschaft, der Mathematik und der Philosophie. Kurz, er war das, was man heute ein Allroundgenie nennen würde. Später, nach seinem dreißigsten Lebensjahr, wurde er *cadì*, das heißt Richter für das einfache Volk, schließlich Gelehrter und Aristoteles-Übersetzer. Wie es heißt war es der Kalif von Marrakesch, Abu Yakub Yussuf, persönlich, der ihn dazu bewog, sich der Philosophie zu verschreiben. Averroes erzählt es uns in einer seiner Schriften:

Eines Tages bestellte mich Abu Yakub Yussuf zu sich und klagte vor mir über die verbreitete Unkenntnis des Aristoteles. Schließ-

lich sagte er zu mir: «Du bist ein kluger und gelehrter Mann. Warum übernimmst du es nicht, die Schriften des Aristoteles in allen Einzelheiten zu studieren und dann für uns alle zu erläutern und zu kommentieren? Ich weiß, du besitzt die Fähigkeiten dazu.» Und ich tat, wie er geheißen.

Trotz der Protektion durch den Kalifen machten ihm die islamischen Integralisten, die Hardliner also, für die schon das Aussprechen des Namens Allah eine Sakrileg bedeutete, das Leben schwer. Dabei hatte er selbst doch immer wieder nachgewiesen, dass es keinen Konflikt zwischen der islamischen Religion und der Philosophie geben müsse, und betont: «Die Philosophie unter dem Vorwand zu verbieten, sie könnte die Gläubigen von Allah entfernen, ist so, als verweigere man einem Verdurstenden Wasser mit der Begründung, er könne darin ertrinken.»[3] Aber es half nichts. Man hieb weiter munter auf ihn ein und beschimpfte ihn als «Zyniker», «Rationalist», «Mann doppelten Glaubens» oder auch «doppelzüngigen Redner».

Schließlich wies man ihn aus Spanien aus, wo er zwischenzeitlich wieder gelebt hatte, und so kehrte er zurück ins marokkanische Marrakesch, wo er, zur großen Freude seiner zahlreichen Widersacher, im Alter von zweiundsiebzig Jahren starb.

[3] Vgl. Averroes, *Die entscheidende Abhandlung*

XXI

Maimonides

Von allen mittelalterlichen Philosophen stand mir immer schon Moses Maimonides oder, wie es wohl in seinem Geburtsregister heißt, Moseh ben Mamon am nächsten. Wie Averroes kam auch er zu Beginn des 12. Jahrhunderts in Córdoba zur Welt, und ebenso wie dieser war er praktizierender Arzt. Allerdings war er kein Mohammedaner, sondern jüdischen Glaubens. Warum ich ihn mag? Ganz einfach: weil er ein Buch mit dem Titel *Führer der Unschlüssigen* geschrieben hat und es all jenen widmete, die (wie ich) weder mit dem Glauben noch mit dem Atheismus etwas anfangen können. Maimonides' Grundeinstellung war: Als Menschen können wir nur Hypothesen aufstellen, meinetwegen auch optimistische, und darauf hoffen, dass sie sich bewahrheiten.

An dieser Stelle fühle ich mich verpflichtet, ein Bekenntnis abzulegen: Fragt mich jemand, wie ich es mit der Religion halte, antworte ich: «Gott sei Dank bin ich Atheist.» Natürlich sage ich das nur, weil mir das Bonmot gefällt, denn in Wahrheit bin ich keineswegs Atheist. Ich halte beide Gruppen, Atheisten wie Gläubige, für reichlich anmaßend. Sie geben vor, sich bestimmter Prinzipien vollkommen sicher zu sein, während sie in Wahrheit um die Wette im Dunkeln tappen. Dabei hoffe ich allerdings sehr, dass Letztere gewinnen mögen. Bis dahin aber sehe ich mich selbst als Agnostiker oder bestenfalls als positiv Zweifelnden. So kommt es mir gelegen, dass es da einen Philosophen gibt, der für die Unschlüssigen ein ganzes Buch verfasst hat. Ich beneide die Gläubigen, liebe aber die Zweifelnden und alle, die sie in Schutz nehmen!

Auch Maimonides wagte sich an die Aufgabe, Philosophie (insbesondere die des Aristoteles) und Religion zu versöhnen, und wie nicht anders zu erwarten, scheiterte er. Indem er sich aber mit einigen seiner Werke ausschließlich an andere Philosophen wandte, schuf er immerhin die Voraussetzungen dafür, dass gewisse Fragen diskutiert werden konnten, ohne sogleich der Ketzerei beschuldigt zu werden. Insgeheim hielt er dabei zu Aristoteles, hängte das aber lieber nicht an die große Glocke.

Maimonides erklärte, die Wissenschaft, die Philosophie und die Religion könnten wie Schwestern zusammenleben. Und er betonte: «Es gibt keinen Grund, die Annahme eines Schöpfers, der am Ursprung aller Dinge steht, und einer Schöpfung, die zu einem gewissen Zeitpunkt entstanden ist, zu verwerfen. Auch wenn das Universum ewig ist, kann es dennoch einen Anfang haben.»

Kurzum, Maimonides war tolerant, und wie alle Befürworter des Zweifels war er offen für alle Theorien, die nicht schon von vornherein mit der Logik auf Kriegsfuß standen.

Ein weiterer Punkt, der mir Maimonides sympathisch macht, ist seine Aversion gegen Astrologen und überhaupt alle Magier. Einmal antwortete er auf die Frage einer jüdischen Gemeinde in Frankreich, ob nicht jedwedes menschliche Handeln bereits im Voraus festgelegt und am Lauf der Gestirne ablesbar sei: «Wie töricht ihr seid! Die Verantwortung für unser Tun liegt ganz allein bei uns selbst, und nur Dummköpfe oder Betrüger können die Schuld den Sternen geben.»

In diesem Zusammenhang entwickelt Maimonides die Theorie, wonach es im Himmel zehn Sphären der Intelligenz von zunehmender Größe gebe, und dass die zehnte, von ihm als «Handelnder Intellekt» bezeichnet, das Höchste der überhaupt nur möglichen Intelligenz sei. Unter diesen zehn Sphären gebe es dann unsere irdische Welt, auf der die Wesen fünf Fähigkeiten besäßen: die der Nahrungsaufnahme, des Wahrnehmens, des Begehrens, des bildlichen Ausdrucks und des Denkens. Mit anderen Worten, man kommt als Tier zur Welt und verlässt sie als Mensch, natürlich der eine mehr, der andere weniger.

Möge der Herrgott der Herzensgüte des Maimonides gedenken und ihm seine Zweifel verzeihen. Ich könnte mir denken, dass der Allmächtige an jenem Tag, als Maimonides bei ihm im Himmel eintraf, zu ihm sagte: «Na, siehst du, dass es mich gibt?»

Und dass dieser antwortete: «Ja, und das freut mich. Vor allem für Sie.»

XXII

Joachim von Fiore

Sagen wir es gerade heraus: Bislang war alle Aufmerksamkeit der christlichen Philosophen auf Gottvater und Gottsohn gerichtet, wenig aber, um nicht zu sagen keine auf den Heiligen Geist. So hatten die meisten Kirchenväter ihn nur herangezogen, um die Jungfernschaft Marias etwas glaubwürdiger zu machen. Darüber hinaus erwähnt hat ihn keiner. Nun aber betreibt der Philosoph Joachim von Fiore seine Aufwertung, indem er erklärt: «Die Geschichte der Menschheit kann in drei unterschiedliche, zeitlich aufeinander folgende Zeitalter unterteilt werden: Das erste, in dem Gottvater befiehlt, reicht von der Erschaffung der Welt bis zur Geburt Jesu, das zweite, das im Zeichen des Sohnes steht, von der Geburt Jesu bis heute, und das dritte, unter der Führung des Heiligen Geistes, beginnt gerade in unseren Tagen. Drei an der Zahl sind auch die Ideale, die für das jeweilige Zeitalter stehen: das Gesetz, die Gnade und die Freiheit.»

Diese Gleichstellung der Bestandteile der Dreifaltigkeit stieß auf wenig Gegenliebe. Die einen sahen Gottvater an erster Stelle, Jesus an zweiter und den Heiligen Geist an dritter. Die anderen Jesus an erster Stelle, Gottvater an zweiter und wiederum den Geist an dritter, aber niemand, wirklich niemand, wollte dem Heiligen Geist etwas mehr Raum geben.

Unterstützung seiner Aufwertung der Heiligen Dreifaltigkeit fand Fiore vielleicht noch bei Dante, der im Fegefeuer seiner *Göttlichen Komödie* ohne Umschweife klarstellt:

Vermessne Toren sind es, die da meinen,
Dass Menschenwitz zu Ende je gegangen
Die Bahnen des in drei Personen Einen!

Laßt eurem Forschen drum das Quia langen,
denn könnte alles euer Blick durchschauen,
Was musste dann Mariens Schoß empfangen?[1]

Wie um zu sagen, wenn sich der Heilige Geist so ins Zeug legt, damit Maria den Sohn zur Welt bringt, muss es schon einen Grund dafür geben.

Joachim von Fiore, der *«Abt Joachim, entsprossen dem Kalabreserlande, mir zur Seite, aus dessen Mund Prophetenworte flossen»*[2], wurde 1130 in Celico in der Provinz Cosenza geboren und starb 1202 in einem Städtchen der Sila[3] namens San Giovanni in Fiore. Als junger Mensch trat er ins Kloster ein, merkte aber irgendwann, dass ein Leben eingesperrt hinter hohen Mauern vergeudet wäre, und begab sich auf Wanderschaft kreuz und quer durch Italien, um den Menschen zu predigen. Joachims Hauptproblem war sein Charakter. Sagen wir es ohne ein Blatt vor den Mund zu nehmen: Er war ein entsetzlicher Streithammel. Sein ganzes Leben tat er nichts anderes, als sich mit irgendjemandem anzulegen, bevorzugt mit den Kirchenoberen. So blieb es nicht aus, dass er wegen Ketzerei und «Tritheismus» verurteilt wurde, und zwar von einem Laterankonzil, das eigens seinetwegen einberufen wurde. Aber was

[1] Vgl. Dante Alighieri, *Die Göttliche Kömödie, Fegefeuer*, III. Gesang, Verse 34ff.

[2] Vgl. ebda, *Himmel*, XII. Gesang, Verse 140–141

[3] Hochebene in Kalabrien (Anm. d. Übers.)

bedeutet eigentlich Tritheismus? Nun, Befürworter des Tritheismus glauben nicht nur an eine, sondern gleich an drei Gottheiten. Und Fiore hatte sogar ein ganzes Werk darüber geschrieben, mit dem passenden Titel *Libellus de unitate et essentia Trinitatis*.

Tatsächlich gingen Joachims Bestrebungen aber weit über eine bloße Aufwertung des Heiligen Geistes hinaus. Seiner Auffassung nach hatte die Kirche in den letzten Jahrhunderten schwerwiegende Rückschritte gemacht: Von einem Leben des Verzichts und des Gebets sei sie übergegangen zu einem Leben des Prunks und der Genüsse, die dem verrufensten mittelalterlichen Hof alle Ehre machen würden. Und dies sei allein die Schuld mancher Kirchenfürsten, die die Macht an sich gerissen hatten. So war seine Verkündigung des dritten Zeitalters, jenes des Heiligen Geistes, als Aufforderung an alle «Bosse» der Christenheit, den Papst eingeschlossen, zu verstehen, die Kirche endlich wieder zum alten Geist der Kirchenväter zurückzuführen. Wie wir heute wissen, erlebte er einen großen Reinfall: Es ist eben etwas ganz anderes, Mönch in Kalabrien oder Kardinal in Rom zu sein.

Sein größter Wunsch war es, das Alte und Neue Testament zu einer einzigen Heiligen Schrift zusammenzuführen und Christen und Juden miteinander zu versöhnen. «Wenn Gott existiert», sagte er häufig, «ist er der eine wahre Gott. Welchen Sinn hat es also, ihm verschiedene Namen zu geben?»

Wie wir wissen, gelang es ihm nicht, die beiden Religionen zu vereinen. Dafür war er aber sehr beliebt bei den Bettlern, die so etwas wie einen geistigen Führer in ihm sahen, und gleichzeitig bei den Reichen als Störenfried verschrien. Mit heutigen Begriffen könnte man ihn als, natürlich linken, Extremisten des Christentums bezeichnen. Die Armen standen auf seiner Seite, die weniger Armen auf der anderen. Wie man auch hier wieder sieht, bleiben sich gewisse Konstellationen zu allen Zeit gleich. Ob es sich um Religion oder Politik handelt, meist sind es Neid und Egoismus, die einander gegenüberstehen.

Nach einer Reise in den Orient gründete Joachim den strengen Floriazenserorden, dessen Mönche ihr Leben ganz der Kontemplation weihten. Man erzählt, seine Anhänger seien im Kreis niedergekniet und hätten sich schweigend und völlig regungslos in die Betrachtung des Himmels versenkt. Darüber hinaus spielten sie auch das Psalterium, ein Musikinstrument in Form eines Dreiecks, das sie, wie könnte es anders sein, an die Allerheiligste Dreifaltigkeit gemahnte.

XXIII

Robert Grosseteste

Robert Grosseteste kam um das Jahr 1170 in England zur Welt, wurde zunächst Franziskanerbruder, dann Kanzler der Universität Oxford und, einige Jahre später, Bischof von Lincoln. Obwohl nun wirklich Engländer bis ins Mark, ist er seltsamerweise überall nur unter dem italienisch klingenden Namen Robert Grosseteste bekannt. Ein Name, der mich übrigens irgendwie an einen Herrn aus dem Neapel der dreißiger Jahre erinnert, und zwar den Marchese Roberto Mezacapa, der letzte italienische Staatsbürger, der nach einem regulären Duell, in dem er seinen Widersacher tötete, wegen Mordes verurteilt wurde. Zusammen mit dem Marchese wurden wegen Begünstigung auch die Sekundanten sowie alle Zuschauer, die dem Duell beigewohnt hatten, festgenommen, einschließlich der Edeldame, derentwegen der Streit entbrannt war. Wie ich darauf komme? Eigentlich nur wegen der Namensähnlichkeit (*Grossatesta* – Großkopf, *Mezacapa* – Halbkopf), denn von Philosophie hatte der neapolitanische Marchese nun wirklich keine Ahnung. Schauen wir uns deshalb lieber mal an, wieso der englische Bischof meiner Meinung nach in dieser angeblichen Geschichte der mittelalterlichen Philosophie nicht fehlen darf.

Bekannt wurde Robert Grosseteste durch seine Lichttheorie. Wie er lehrte, bestehen alle Dinge aus Materie und Licht, in dem Sinne, dass der «Körper» selbst nur ein wenig, sein Bild aber einen sehr viel größeren Raum einnimmt. Dabei gelte es, klar zwischen dem, was man sehen kann, und dem, was sich berühren lässt, zu unterscheiden. Wenn von der Materie ein Licht ausgehe, dann nur deshalb, weil sie von einem anderen, ganz besonderen Licht angestrahlt wird. Dieses Licht komme von oben und bezeuge die Existenz Gottes. Dank dieses Lichts (*lumen*) sei es uns möglich, eine Art Pyramide zu erklimmen, die aus neun himmlischen Sphären, deren niedrigste die des Mondes ist, sowie vier irdischen Sphären, die dem Wasser, dem Feuer, der Luft und der Erde zugeordnet sind, zusammengesetzt sei. Es versteht sich von selbst, dass man, will man bis ganz nach oben gelangen, schon eine gehörige Portion Glauben braucht.

In gewisser Hinsicht bedeute diese Theorie eine Rückkehr zum Denken des heiligen Augustinus. Auch der große Kirchenvater verstand die Erkenntnis als etwas, das uns von oben, wie eine Art himmlische Erleuchtung, erreicht. In seinem Traktat *Über die Wahrheit* sagt Robert Grosseteste wörtlich:

So wie die Augen des Körpers ohne Licht keine Farben erkennen können, so sind auch die Augen des Geistes blind, wenn sie nicht vom Licht Gottes erhellt werden.

Als Universitätslehrer in Oxford lenkte der philosophierende Frater die Interessen seiner Schüler von den sprachlichen Fächern des Triviums auf die des Quadriviums, besonders auf die Bereiche Physik und Optik. Seiner Auffassung nach lässt sich alles mit einer mathematischen Formel ausdrücken. Für ihn ist das Licht eine feine körperliche Substanz, aus der sich die Dinge und Welten bilden. Das sei möglich, weil es jene einzige Kraft sei, die aufgrund ihrer eigenen Bedingungen zunehme und sich unaufhörlich, sofern sie nicht auf irgendetwas treffe, das sie aufhalte, ausdehne. Werde das Licht aber nicht abgelenkt, könne es sich bis ins Unendliche ausbreiten, bis zu den Grenzen des Universums und daher, letztendlich, auch bis zum Körper Gottes. Dann fügt er hinzu: Sucht ihr einen physischen Kontakt mit eurem Schöpfer, so geht in die Sonne und haltet die Augen geschlossen. Nicht lange, und ihr werdet durch die Wärme auf eurer Haut die Anwesenheit Gottes spüren.

Eine weitere Leidenschaft von Grosseteste: das Griechische. Damit seine Landsleute die Klassiker der Antike besser verstehen konnten, übersetzte er aus dem Griechischen viele Werke von Aristoteles, Platon und Dionysos Areopagita. Er selbst verfasste eine lange Reihe philosophischer Abhandlungen, darunter *Kommentar zu den Sentenzen*, *Betrachtungen zu den sechs Tagen*, *Über die Wahrheit* und vor allem die Arbeit *Über das Licht*, eine physikalische Abhandlung, in der das Geheimnis der Schöpfung bis in die kleinsten Details mit Hilfe der Optik erklärt wird.

XXIV

Bonaventura

Liebe Leser, würden Sie im Mittelalter leben und unbedingt Frater werden wollen, stünden Ihnen zwei Möglichkeiten offen: entweder bei den Dominikanern oder den Franziskanern einzutreten. Diese Orden, beide zu Beginn des 13. Jahrhunderts entstanden, stehen für zwei unterschiedliche Lebenswege mit unterschiedlichen Zielen, wobei Ersterer eher kulturell, Letzterer eher asketisch ausgerichtet ist. So verlegte sich der *Ordo fratrum praedicorum* des heiligen Dominikus von Beginn an ganz auf das Studium und den Kampf gegen Häresien, der *Ordo fratrum minorum* des heiligen Franziskus aber mehr auf den Verzicht irdischer Genüsse. Auf der einen Seite also die Gebildeten, auf der anderen die Bettelmönche. Vorsicht aber, dass man die Franziskaner nicht mit Landstreichern verwechselt: Die selbst gewählte Askese des Franz von Assisi steht für ein ganzes Lebensmodell und einen Weg zu Gott. Übrigens waren die Franziskaner nicht die Einzigen, die sich für einen solchen Weg der Entbehrungen entschieden. Es gab auch noch eine Reihe anderer, so etwa die «Erniedrigten» und die Flagellanten, die alle mehr oder weniger auf den Verzicht materieller Güter und die scharfe Verurteilung des oftmals öffentlich zur Schau getragenen Luxus der oberen Kirchenkreise fixiert waren.

Als sich Franziskus zu Papst Innozenz III. begab, um ihm seine Ideen vorzutragen, benannte er als *Regula prima* (erste Regel) die Armut, verstanden als Absage an alle Genüsse und

Geringschätzung alles Leiblichen. Um Franziskaner zu werden, war keinerlei kulturelle Vorbereitung nötig. Es reichte schon, wenn man seinen Nächsten liebte. Das ändert aber nichts daran, dass auch viele große Gelehrte in den Orden eintraten, darunter Alexander von Hales, der erste franziskanische Theologielehrer an der Universität von Paris.

Bonaventura wurde im Jahr 1221 in Bagnoregio bei Viterbo geboren und ging als «Zweiter Gründer des Franziskanerordens» in die Geschichte ein. In der Tat gelang es ihm, im Gegensatz zu Franziskus, einen Hauch Pragmatismus in den Franziskanerorden zu bringen. So sagte er (wenn auch vielleicht nicht wörtlich): «Das mit der Armut ist schon ganz okay, aber man muss es ja nicht übertreiben. Über ein Existenzminimum sollten unsere Brüder schon verfügen.» Wobei er unter Existenzminimum ausreichend zu essen, um satt zu werden, und eine Kutte gegen die Kälte verstand. Die strengeren Ordensbrüder hingegen vertraten die Ansicht, die Mönche «sollen überhaupt nichts besitzen, weder Stock noch Bündel, weder Brot noch Geld und erst recht keine zwei Kutten, für den Sommer und den Winter.» Bonaventura, der später heilig gesprochen wurde, glaubte nur an Jesus und, lange danach, an Platon. Wunderschön seine Definition Gottes: «Er ist die geistige Sphäre, deren Zentrum überall und deren Umkreis nirgendwo liegt.» Später wurde er Erzbischof von Albano und starb 1274, im selben Jahr wie Thomas von Aquin.

Bonaventura, der eigentlich Giovanni di Fidanza hieß, sah den einzigen Zweck der Philosophie darin, uns an die Kürze des Daseins zu gemahnen. Ich will das an einigen Beispielen erläutern. Nehmen wir an, ich habe im Lotto gespielt und ganz knapp daneben gelegen. Statt der 35 wurde die 34 gezogen. «Das kann dir doch egal sein», würde Bonaventura da zu mir sagen, «angesichts des Todes, der dich früher oder später ereilt.» Oder ich lamentiere, weil bei der letzten Parlamentswahl das Mitte-Links-Bündnis verloren und Mitte-Rechts gewonnen hat. «Na, wenn schon», würde Bonaventura mir entgegenhalten, «im kommenden Leben wird es weder Mitte-Links noch Mitte-Rechts geben.»

Der Seinsgrund des Menschen liegt nach Bonaventura darin, dass er das Göttliche auf Erden darstellt. Alles Übrige ist *vana curiositas*. Problematisch wird es nur, wenn der Mensch so überheblich ist zu glauben, sein Schicksal selbst in die Hand nehmen zu können. Der Sinn des Lebens lässt sich für Bonaventura in den Worten zusammenfassen, mit denen er auch sein wichtigstes Werk überschrieb: *Itinerarium mentis in deum (Pilgerbuch des Seele zu Gott).*

Darin erklärt er, dass es im Geist des Menschen eine *ratio inferior* und eine *ratio superior* gebe. Erstere diene dazu, praktische Probleme des Alltags zu lösen, Letztere, die Welt des Geistes Gottes zu schauen. Folgen wir also dem Rat Bonaventuras, können wir uns ganz auf unsere *ratio superior* verlassen: Gott wird es schon richten.

Ursprünglich, zu den Zeiten von Adam und Eva, war das Leben noch schön und einfach. Doch dann hat uns die Erbsünde einen bösen Streich gespielt, und die Folgen bekommen wir nun zu spüren. Was müssen wir tun, um wieder in den Stand der Gnade zu gelangen? Bonaventura hat sich Gedanken darüber gemacht und gibt eine differenzierte Antwort. Alles hänge von der Entwicklungsstufe ab, auf der sich ein Mensch befinde. Er unterscheidet hier zwischen *vestigium*, *imago* und *similitudo*, für die jeweils eine andere Form von Sühne notwendig sei. Zum untersten Bereich des *vestigium* zählte er die Unwissenden, die ihren Verstand nicht gebrauchen, zum mittleren der *imago* jene Menschen, die sich Gedanken machen, und zum höchsten der *similitudo* jene, die sich Gott bereits nahe fühlen dürfen.

Ehrlich gesagt, weiß ich nicht, auf welcher Stufe ich mich befinde, ob ich also in meinem Leben viel oder wenig gesündigt habe. Zuweilen habe ich den Eindruck, ein großer Sünder gewesen zu sein, andere Male glaube ich, mich nie über ein «Parken im Halteverbot» hinausgewagt zu haben. Was soll man machen? Hoffen wir das Beste.

Auch wenn manch einer jetzt verwundert die Nase rümpfen mag, möchte ich an dieser Stelle einen anderen Bonaventura erwähnen, eine Gestalt aus den dreißiger Jahren, an der einmal mein Herz hing. Es handelt sich um eine Comicfigur aus der Jugendzeitschrift *Corriere dei Piccoli*, einen Bonaventura, der mit unserem frommen Philosophen nun gar nichts gemein hat. Während sich der Franziskaner rühmte, sich vom Verlangen nach Geld befreit zu haben, hatte der zweite Bonaventura nichts anderes im Kopf. Seine Episoden begannen immer mit dem gleichen Satz:

Nun beginnt das Abenteuer des Herrn Bonaventura,

und endeten pünktlich damit, dass ihm irgendjemand als Dank für etwas, das er getan oder auch unterlassen hatte, eine Million Lire schenkte. Sicher, das waren noch andere Zeiten, und das Geld hatte einen anderen Wert. Aber damals hatte noch kein Italiener eine Million auf einen Haufen gesehen, und wir Kinder stellten sie uns so vor, wie sie uns der *Corriere dei Piccoli* zeigte: ein Blatt Papier von der Größe eines Kanzleibogens, auf der der Schriftzug EINE MILLION prangte. Dann kam der Krieg, die Inflation, und auch für Herrn Bonaventura war das süße Leben vorbei.

XXV

Albertus Magnus

Kommen wir nun von einem Franziskaner zu einem Dominikaner, von Bonaventura zu Albertus Magnus, Albert dem Großen, zuvor Graf Albert von Bollstädt, um das Jahr 1200 im schwäbischen Lauingen geboren, Magister der Theologie im Quartier Latin in Paris.

Albert erhielt seinen Lehrstuhl nach einem Streik der Pariser Studenten. Ja, ich weiß, ein Unistreik im 13. Jahrhundert ist schwer vorstellbar, und doch hat es ihn gegeben. In der Folge verließen die Professoren die Universität und kehrten Paris den Rücken. Zwei Jahre gingen ins Land, dann konnten die Dominikaner den Lehrbetrieb in Theologie wieder aufnehmen, und nachdem einige Versuche, den Lehrstuhl neu zu besetzen, fehlgeschlagen waren, vertraute man ihn schließlich Albert von Bollstädt an.

Der Philosoph brachte einen großen Teil seines Lebens damit zu, die Werke von Aristoteles zu studieren und zu kommentieren, und wie alle, die sich daran wagten, stand auch er vor dem üblichen Dilemma: «Was war höher einzuschätzen, der Glaube oder die Vernunft?» Möglicherweise hätte sich auch Aristoteles, wenn er zu jener Zeit gelebt hätte, mit diesen Problemen herumgeschlagen. Für ein Weiterkommen ist es aber auch immer wichtig, gute Feinde zu haben, und Albertus Magnus fand, Gott sei Dank, einen nach Maß in der Person Stephane Tempiers, des Bischofs von Paris, der ihn der Ketzerei beschuldigte, nur weil Albert ein paar aristotelische Theorien erläutert hatte. Tempier verfasste eine Anklageschrift in sage und schreibe zweihundertneunzehn Anklagepunkten, und Albertus Magnus antwortete, indem er ihn zunächst einmal als «dummes Tier, das lästert, was es nicht kennt» bezeichnete[1], um später hinzuzufügen: «Er ist zu vergleichen mit jenen, die Sokrates töteten, Platon verbannten und Aristoteles zwangen, Athen zu verlassen.»[2]

Der Auseinandersetzung lag zugrunde, dass Albert und Tempier verschiedenen Schulen entstammten. Tempier der alten scholastischen, in der man die Philosophie als demütige Magd der Theologie betrachtete, und Albertus einer erneuerten, in der nun Theologie und Philosophie als unterschiedliche, voneinander getrennte Fächer, die beide wichtige Aufgaben erfüllen, galten. Jedes Ding, sagte Albertus, kann von zwei verschiedenen Standpunkten aus untersucht werden, einmal als *res in se* («Ding in sich»), damit gehört es zur Philosophie, und als *res ut beatificabilis* («selig machendes Ding»), womit es dann in den Bereich der Theologie fällt. Das, was die Theologie als wahr ansehe, sei für die Philosophie nur wahrscheinlich. Und das ist der grundlegende Unterschied. Wie bereits mehrfach gesehen, kennzeichnet das Aufeinanderprallen von Glauben und Vernunft das gesamte Mittelalter bis in die moderne Zeit (womit hier jene Epoche gemeint ist, in der der Humanismus seinen Siegeszug antritt).

Albert der Große oder, genauer, der heilige Albert der Große, lehrte nicht nur in Paris, sondern auch in Regensburg, Straßburg, Bologna, Padua und Köln, wo er keinen Geringeren als Thomas von Aquin als Schüler hatte. Angesichts der Studentenmassen, die ihn hören wollten, war er zeitweilig ge-

[1] Albertus Magnus, *Aufzeichnungen des seligen Dionysius des Aeropagiten*, VII, 2

[2] Vgl. Albertus Magnus, *Politicorum Aristotelis, 8 Bücher,* I, VIII, 6

zwungen, seine Vorlesungen im Freien abzuhalten. In Paris gibt es einen Platz, den Place Maubert, dessen Name sich wahrscheinlich von Albertus Magnus ableitet (Maubert zusammengesetzt aus *Magister* und *Albertus*).

Das Gespann «Albert – Thomas» prägte die gesamte Philosophie des 13. Jahrhunderts. Wohl nie zuvor hat ein Lehrer seinem Schüler ein derart gut bestelltes Feld hinterlassen. Um es mit einem Bild aus dem Volleyball zu verdeutlichen: Albertus Magnus stellte den Ball, damit Thomas von Aquin schmettern konnte.

Albertus war das, was man gemeinhin einen attraktiven Mann nennt. Aber es war nicht nur sein Äußeres, seine Eleganz, die andere für ihn einnahm, sondern auch seine freundliche Art und vor allem seine Beredsamkeit. Er starb im hohen Alter, manche sagen, mit fünfundsiebzig, andere, mit siebenundachtzig, als er schon taub und fast blind geworden war. Er schrieb ein *Commentarius* der Werke des Aristoteles in vier Bänden, die Abhandlungen *De bono* und *De adhaerendo Deo* sowie eine *Summa theologiae*, doch vor allem die *Summa de creaturis*, eine Zusammenfassung seines Denkens, die für die Freunde der mittelalterlichen Philosophie von besonderem Wert ist.

XXVI

Thomas von Aquin

Heutzutage scheiden sich die Intellektuellen in die beiden Lager der Linken und der Rechten, früher hingegen, im 13. Jahrhundert, in die der Aristoteliker und der Platoniker. Zusammenführen wird die unterschiedlichen Ansätze der großen griechischen Philosophen erst Raffael in seinem berühmten Gemälde «Die Schule von Athen», wo die beiden Seite an Seite, im angeregten Gedankenaustausch, eine Menge durchschreiten: Platon zeigt mit einem Finger zum Himmel, um auf das Ideal hinzuweisen, Aristoteles hat die geöffnete Handfläche ausgestreckt und macht so auf das Irdische, also die konkrete, fassbare Realität aufmerksam.

Der bedeutendste Aristoteliker war zweifellos Thomas von Aquin, eine legendäre Gestalt, die das mittelalterliche Denken auch nach seinem Tod noch entscheidend prägte (man denke nur an seinen Einfluss auf Dante Alighieri).

Sein Leben

Thomas wurde im Jahr 1225 in Roccasecca bei Cassino geboren und starb 1274 in Terracina.[1] Er war das achte oder neunte

[1] Apropos Lebensdaten: Alle in diesem Buch wiedergegebenen Zahlen sind unter Vorbehalt zu genießen, das heißt, auf ein Jährchen mehr oder weniger kommt es nicht an.

Kind kleiner Feudalherren, derer von Aquino di Roccasecca. Sein Vater, Graf Landolfo, besaß sogar eine eigene Burg, und wir können uns vorstellen, dass Thomas dort eine sorgenfreie Kindheit verlebte. Nach der Jugenderziehung in der Abtei von Monte Cassino studierte er von 1239 bis 1243 an der Universität von Neapel, wo es zur Begegnung mit der Philosophie des Aristoteles kam. Im Jahr 1245 trat er dem Dominikanerorden bei. Seinem Vater jedoch missfiel der Entschluss des jungen Mannes, Mönch zu werden, so sehr, dass er ihm, als Thomas mit anderen Novizen nach Norden zog, zwei Häscher nachsandte, die ihn sich schnappten und wieder nach Hause brachten, wo er dann fast ein Jahr unter Arrest gehalten wurde. Thomas nutzte die Zeit, um zu lesen und die ganze Bibel auswendig zu lernen. Es wird auch berichtet, man habe ihm, um ihn von seinem Vorhaben, Mönch zu werden, abzubringen, eines Nachts eine nackte Hure auf die Kammer geschickt. Doch der Versuch scheiterte, noch bevor er richtig begonnen hatte, denn Thomas griff zu einem brennenden Holzscheit im Kamin und vertrieb die Dame aus dem Zimmer, ohne ihr auch nur Zeit zu geben, sich wieder anzuziehen. Gleich darauf fiel er in Ohnmacht und träumte von zwei Engeln, die ihm einen weißen Gürtel, das Symbol der Keuschheit, um die Taille schlangen.

Thomas war ein großer, beleibter Kerl mit dunklem, schütterem Haar und einem recht abweisenden Charakter, ein Griesgram, der wenig redete und der Gesellschaft seiner Kameraden auf der Klosterschule so entschieden aus dem Weg ging, dass man ihm bald den Spitznamen «der stumme Ochse» gab. Einmal aber ergriff er in der Klasse das Wort und sprach mit solch einer gedanklichen Tiefe, dass sein Lehrer Albertus Magnus sagte: «Jener, den ihr heute den ‹stummen Ochsen› nennt, wird eines Tages so laut brüllen, dass man ihn in der ganzen Christenheit hören kann.» Selten hat eine Vorhersage so sehr ins Schwarze getroffen.

Als Dominikanerbruder begab er sich zunächst nach Köln, dann nach Paris ins Kloster in der Rue Saint-Jacques, wo er mit nur dreißig Jahren zum Magister der Theologie ernannt wurde, und schließlich nach Neapel, wo er den Rest seines Lebens (so heißt es jedenfalls) Ontologie im neapolitanischen Dialekt unterrichtete. Er starb noch relativ jung, noch nicht einmal fünfzigjährig, auf dem Weg zum Konzil in Lyon. Zwanzig Jahre später wurde er von Papst Johannes XXII. mit der folgenden Begründung heilig gesprochen. «Mehr als alle anderen Gelehrten hat dieser unsere Kirche erleuchtet.»

Die Seele

Wie eingangs erwähnt, war Thomas Aristoteliker, und als solcher sympathisierte er auch durchaus mit einigen arabischen Philosophen (jedoch nur bis zu einer gewissen Grenze). Mit seinen Ideen brachte er die Universitätsoberen sowohl in Paris als auch in Neapel gegen sich auf und ebenso all jene, die aus irgendeinem Grund Platon Aristoteles vorzogen. Der Streitpunkt: die Beschaffenheit der Seele. Was ist die Seele? Ein Teil des Körpers wie das Herz oder das Gehirn, individuell von Mensch zu Mensch verschieden und vor allem unsterblich? Oder aber ein winziger Teil des Geistes Gottes, der ein paar Jahre lang in uns lebt, um dann nach Hause, in den Geist Gottes also, zurückzukehren, so wie es auch schon Avicenna und Averroes erklärt hatten? Die Strenggläubigsten machten Thomas darauf aufmerksam, es sei Gotteslästerung, nicht an eine individuelle Seele zu glauben, und er zog sich mit einem

Wortspiel aus der Affäre und erklärte, es gebe eine «doppelte Wahrheit», also eine auf der Vernunft basierende philosophische und eine auf der Offenbarung beruhende theologische Wahrheit. Außerdem, fügte er hinzu, was kann Aristoteles dafür, dass er vier Jahrhunderte vor Christus lebte? Wäre er nach ihm zur Welt gekommen, hätte er mit Sicherheit sein Verständnis der Seele besser mit dem christlichen Glauben in Einklang gebracht.

Dass es auch noch eine dritte Möglichkeit geben könnte, auf diese Idee kam niemand, nämlich die Nichtexistenz der Seele.

Die Wahrheit

Mit vierzig Jahren schrieb Thomas eines seiner wichtigsten Bücher, *Summa contra gentiles (Summe gegen die Heiden;* zu jener Zeit wurden alle, die nicht an den christlichen Gott glaubten, *gentiles* genannt, nicht etwa weil sie besonders freundlich[2] gewesen wären, sondern die Definition leitete sich von dem lateinischen *gens* für «Sippe, Geschlecht» ab). Mit den Heiden, gegen die er sich wandte, waren fast immer die Moslems gemeint. Punkt für Punkt verwirft er ihren Glauben und setzt alles daran, sie davon zu überzeugen, dass sie den falschen Weg gewählt haben. Schauen wir uns einmal an, wie er das anstellt.

Ein Mensch, sagt er, kann Fachmann auf einem Gebiet, aber nicht auf allen Gebieten sein. Als Schreiner wisse er, wie man einen Tisch baut, als Arzt, wie man einen Menschen heilt. Niemand jedoch wisse alles auf allen Gebieten. Aber was ist die-

[2] Ital. *gentile* – «freundlich» (Anm. d. Übers.)

ses «alles»? Es ist die Wahrheit. Und wer kann uns die Wahrheit vermitteln? Die erste Antwort, die uns in den Sinn kommt, könnte die Vernunft sein, aber die Vernunft, erklärt Thomas, kann uns nur teilweise weiterhelfen. So sei es zwar möglich, durch Überlegungen zur Existenz Gottes zu gelangen und vielleicht auch zur Unsterblichkeit der Seele. Aber nicht beweisen ließe sich auf diesem Weg die Existenz der Heiligen Dreifaltigkeit, die Fleischwerdung Christi und das Jüngste Gericht. Manche Geheimnisse könne eben nur die Offenbarung enthüllen. Gebildeten Menschen sei es möglich, sich durch ihre Vernunft im Glauben zu bestärken, den Ungebildeten jedoch nicht, weshalb gerade diese auf Unterweisung durch Geistliche angewiesen seien.

Nach Thomas ist die Vernunft zwar dem Glauben untergeordnet, hat aber auch ihre Daseinsberechtigung: In erster Linie beweist sie die Notwendigkeit eines Schöpfers, in zweiter Linie hebt sie die Vorteile des Glaubens hervor und in dritter Linie bekämpft sie jene, die nicht glauben. Und nun schauen wir uns an, wie die Vernunft «argumentiert».

Der unbewegte Beweger

Alles, was sich bewegt, wurde von irgendetwas bewegt, und da man nun nicht unendlich weit zurückgehen kann, wird einem irgendwann klar, dass es im Ursprung des Universums «Etwas» gegeben haben muss, das sich zwar nicht bewegt, alles andere aber in Bewegung versetzt hat. So erklärt es Aristoteles in seiner Theorie vom «unbewegten Beweger». Schade nur, dass es zu Aristoteles' Zeiten bestimmt an die fünfzig «unbewegte Beweger», Götter also, gegeben hat. In seiner *Summa theologica* bietet uns Thomas von Aquin stolze fünf Beweise für die Existenz Gottes und nennt als ersten den gerade erläuterten vom «unbewegten Beweger». Aber daneben gibt es noch den von der «ersten Ursache», den von der «Notwendigkeit», den der «Vollkommenheit» und den des «letzten Ziels». Nun kann man es drehen und wenden, wie man will, letztendlich läuft es immer auf die gleiche Beweisführung hinaus: Dass es ein Fundament geben muss, auf dem alles aufbaut, und dieses Fundament heißt Gott.

Wie ist Gott beschaffen? Nun, man wird es nicht glauben, aber der heilige Thomas beschreibt ihn uns in seiner *Summa theologica* so, als habe er ihn persönlich kennen gelernt, und wenn man ihn eine Zeit lang liest, nimmt man ihm das am Ende auch noch ab. Danach wäre Gott also unbeweglich, notwendig, vollkommen, allwissend und natürlich die «erste Ursache». Wenn man wollte, könnte man ihn auch *ex negativo* definieren, indem man also alle Mängel auflistet, die er nicht besitzt, nur würde das viel zu lange dauern.

Wenn ich bedenke, dass ich mir Gott einfach immer nur mit langem Bart vorgestellt habe ...

Die Ontologie

Auch bei Thomas von Aquin ist die Ontologie der komplizierteste Teil seines Denkens. Um ihn besser zu begreifen, müssen wir zunächst einmal den Unterschied zwischen «Essenz» und «Existenz» verstehen, und schon das ist nicht ganz einfach.

Die Existenz, sagt Thomas, indem er sich auf Avicenna bezieht, ist bloß die Eigenschaft der Dinge, die existieren, während die Essenz mehr ist, nämlich eine Fähigkeit, die in einem bestimmten Wesen angelegt ist und dieses mehr als alle Eigenschaften charakterisiert. Essenz und Existenz verhalten sich also, wie Aristoteles lehrt, zueinander wie Potenz und Akt. Was bedeutet das? Das bedeutet, dass alle Dinge, die uns umgeben, nichts anderes sind als potentielle Kräfte, die in aktuellen Seinsformen Ausdruck gefunden haben. Die Welt stellt also als Akt entfaltet all das dar, was Gott einmal in Potenz gewesen ist. Und was tat die Potenz, also Gott, bevor sie sich im Akt enfaltete? Nichts, gar nichts, sie ruhte. Ich weiß, der eine oder andere Philosophielehrer wird bei diesen Erklärungen die Nase rümpfen, aber ich glaube, sie verdeutlichen, was gemeint ist. Nun können wir aber, sagt Thomas, mit der Vernunft äußerstenfalls die Existenz, nicht aber das Wesen Gottes erfassen.

Thomas von Aquin war noch nicht einmal dreißig, als er *De ente et essentia* schrieb *(Vom Seienden und vom Wesen)*. Offenbar hat ihn die ontologische Grundfrage von Anfang an, seit seiner ersten Bekanntschaft mit Aristoteles, fasziniert.

Die Glückseligkeit

Die Glückseligkeit, sagt Thomas von Aquin, liege weder in den fleischlichen Genüssen noch im Geld oder all den anderen Dingen, für die sich die meisten Menschen von früh bis spät schinden, sondern einzig und allein in der Möglichkeit, ins Angesicht Gottes zu schauen. Zu dieser Aussage merkt nun Bertrand Russel an, man solle sie nicht allzu wörtlich nehmen, schon allein, weil Gott gar kein Angesicht habe.

Bleibt jedoch die Tatsache, dass auch für Thomas das wahre

Glück nicht in diesem, sondern erst im kommenden Leben erreichbar ist. Mag sein, sage ich, aber in der Zwischenzeit sollten wir wenigstens versuchen, nicht allzu unglücklich zu sein.

Es wird berichtet, Thomas habe, kurz bevor er starb, noch zu seinem Freund Reginaldo gesagt: «Mir ist nicht danach, noch einmal zu lesen, was ich geschrieben habe. Es käme mir sicher so vor, nur Ungenaues von mir gegeben zu haben. Und schließlich würde ich vielleicht alles ins Feuer werfen.»

Mir geht es ebenso, weshalb ich mich auch hüte, dieses Kapitel noch einmal durchzulesen.

XXVII

Roger Bacon

Ich hatte einmal einen Freund namens Filippo, der bei den Grünen mitarbeitete. Und ich muss sagen, diesen Filippo habe ich nie recht verstanden. Warum? Nun, als «Grüner» hätte er doch eigentlich ein naturverbundener, praktisch denkender Mensch sein müssen. In Wirklichkeit aber war er eher ein Träumer, ein emotionaler Typ, kaum zugänglich für vernünftige Argumente. Als ich einmal ganz unschuldig erwähnte, dass im 19. Jahrhundert die verbreitetste Krankheit, obwohl es noch keine Luftverschmutzung gab, Typhus war und die Menschen durchschnittlich mit achtundvierzig Jahren starben, beschuldigte er mich sogleich, ein Globalisierungsfreund und Kriegstreiber zu sein (was nun der Krieg damit zu tun hatte, habe ich erst recht nicht verstanden). Auf alle Fälle muss Roger Bacon, um den es hier gehen soll, ein ähnlicher Typ wie Filippo gewesen sein. Auf der einen Seite glaubte er an die Wissenschaft und die Gesetze der Natur, auf der anderen Seite umgab er sich mit Magiern, Sehern und anderen wenig vertrauenerweckenden Persönlichkeiten. Und folgerichtig war er selbst nicht nur Philosoph und Mathematiker, sondern auch Alchimist und Astrologe. Aber immerhin lebte er im Mittelalter, und daher war sein Verhalten sehr viel eher zu rechtfertigen als bei Filippo.

Roger Bacon, nicht zu verwechseln mit dem großen Francis Bacon (der auch Engländer war und Philosoph, aber drei Jahrhunderte später lebte), wurde um das Jahr 1215, man nimmt an, in Oxford geboren und zog als junger Mann nach Frankreich, um sich an der Pariser Universität in der Fakultät der freien Künste einzuschreiben. Nach seiner Rückkehr nach Oxford trat er dem Franziskanerorden bei und widmete sich fortan linguistischen und naturwissenschaftlichen Studien. Als großer Bewunderer von Robert Grosseteste entwickelte er selbst eine Lehre, die ganz auf der Naturbeobachtung basierte. «Mit dem Gehirn ist es uns gegeben», sagt er sinngemäß in seinem Hauptwerk *Opus maius*, «über die mögliche Existenz Gottes nachzudenken: Manchmal glauben wir daran, andere Male nicht. Öffnen wir aber die Augen und schauen uns um, kann es uns gelingen, die Geheimnisse des Lebens zu verstehen.» An anderer Stelle fügt er hinzu: «Es gibt zwei Erkenntnisquellen: die Vernunft und die Erfahrung. Zwar können vernünftige Überlegungen den Verstand zu einem korrekten Schluss führen, doch nur die Bestätigung durch die Erfahrung, also durch beliebig oft wiederholbare Experimente, kann am Ende jeglichen Zweifel beseitigen. Auch gibt es zwei Arten von Erfahrung, die *äußerliche* und die *innerliche*. Bei der *äußerlichen* gebraucht der Mensch seine Sinne, denen Instrumente und glaubwürdige Zeugen zur Seite stehen, die *innerliche* wird uns durch göttliche Erleuchtung oder die *Gnade* gegeben.» Und so legt unser guter Bacon mit wissenschaftlichen Prämissen los, um am Ende einem Mystizismus reinsten Wassers das Wort zu reden. Gewiss, verglichen mit seinen damaligen Kollegen ist er ein «Supertechniker», und mit ein wenig gutem Willen könnte man in ihm einen der Wegbereiter der modernen Wissenschaft sehen. In einer Schrift mit dem Titel *De mirabili potestate artis et naturae* sieht er künftige Erfindungen voraus und erzählt uns von Motorschiffen, Autos, Flugzeugen, Kränen und U-Booten. Hier die betreffende Textstelle:

Man wird unvorstellbar große Schiffe erbauen können, die ohne die Kraft von Ruderern die Meere befahren ... sowie Wagen, die sich fortbewegen, obwohl keine Pferde sie ziehen ... und Flugmaschinen, die nur ein Mensch alleine steuert ... auch Geräte, die nicht sehr groß, aber in der Lage sind, Gewichte gleich welcher Größe zu heben und zu senken ... und sogar Maschinen, die Meere und Flüsse befahren, indem sie sich tief unter der Wasseroberfläche bewegen.

Nun, zutreffender könnte eine Vorhersage kaum sein. Nur ans Fernsehen hat Bacon nicht gedacht. Seine Schüler gaben ihm den Beinamen «Doctor mirabilis», und seine Fangemeinde war wirklich groß. Seine wichtigsten Schriften sind neben dem erwähnten *Opus maius (Größeres Werk)*, das *Opus minus (Kleineres Werk)* sowie das *Opus tertium (Drittes Werk)*. Nur das erste jedoch hat er vollenden können. Der Grund dafür war, dass im Jahr 1268 plötzlich Klemens IV. starb, jener Papst also, der immer seine schützende Hand über ihn gehalten hatte. Und kurz darauf belegte ihn dessen Nachfolger Gregor X. mit dem Kirchenbann.

Aber wieso hatte Bacon so viele Feinde? Ganz einfach: aus Neid. Wie für große Denker nicht ungewöhnlich, war auch er bei seinen Universitätskollegen ziemlich unbeliebt, und da zu jener Zeit die Professorenschaft wie eine Klette an der Kirche hing, gehörte nicht viel dazu, jemanden durch den Vorwurf der Ketzerei oder des geheimen Kontakts mit heidnischen Völkern aus dem Verkehr zu ziehen. Und vergessen wir nicht, dass zu Beginn des 13. Jahrhunderts Völkerscharen mit den verschiedensten Göttern die Grenzen Europas bedrohten: Mongolen, Araber und Tataren ... Bacon selbst hatte in seinem *Opus maius* die Europäer dazu aufgerufen, vor möglichen Eroberern auf der Hut zu sein. Er schrieb: «Die Tataren trachten danach, uns zu beherrschen. Nicht nur ihren Kaiser wollen sie uns aufzwingen, sondern auch ihren Gott.» Von den Sarazenen ganz zu schweigen, die unaufhörlich den Süden Italiens belagerten. Um sich das zu verdeutlichen, braucht man nur einmal die herrliche Küste vor Amalfi mit dem Boot entlangzufahren. Im Abstand von kaum mehr als einem Kilometer sieht man da Wachturm auf Wachturm, die einst wegen sarazenischer Piraten errichtet wurden.

Doch Sarazenen hin oder her, jedenfalls wurde Roger Bacon von Girolamo d'Ascoli, dem Generalminister seines Ordens, wegen seiner wissenschaftlichen Arbeit sogar gefangen genommen und sage und schreibe vierzehn Jahre in Haft gehalten. Das Schlimmste war, dass man ihm ein Schreibverbot auferlegte. Zu schade, denn zu seinen Plänen zählte es auch, eine *Allgemeine Enzyklopädie der Wissenschaften* zu verfassen, die das gesamte Wissen seiner Zeit vom Einfluss der Religion hätte befreien können.

XXVIII

Raimundus Lullus

Raimundus Lullus nervten Averroes und die ganze Averroistenschar gewaltig. Egal, was der arabische Philosoph gesagt oder geschrieben hatte, ihm ging es gegen den Strich, insbesondere die Theorie, nach der der Mensch mit dem Tod seine Seele verliere. «Halb so wild», sagte er, «dass wir im Alter hässlich werden, halb so wild, wenn der Körper zum Skelett abmagert, halb so wild, dass die Krankheiten immer mehr werden, aber dass die Seele einfach so verschwinden soll, als könnte auch sie von Würmern verspeist werden, nein, diese Vorstellung ertrage ich einfach nicht.» Diese Einstellung oder, besser, diese fixe Idee trieb ihn an, den ganzen Nahen Osten rauf und runter zu bereisen, stets auf der Suche nach Leuten, die er zum Christentum bekehren konnte. Eigens dazu, sich mit den Heiden herumzuschlagen und sie zu bekehren, hatte er neun Jahre lang Arabisch und Philosophie studiert. Praktisch war er ein Kreuzfahrer, der sich mit gut dreißig Jahren Verspätung auf den Weg gemacht hatte, allein und mit nur einer einzigen Waffe: dem Wort.

Raimundus Lullus, eigentlich Ramón Llull mit zwei l vorne und zwei hinten, kam im Jahr 1235 in Palma de Mallorca zur Welt und starb 1316 in Tunis unter einem Steinhagel aufgebrachter Araber. Ein vorhersehbares Ende – schließlich hatte er sie sein ganzes Leben lang nicht in Ruhe lassen wollen, und als die Gelegenheit günstig war, rächten sie sich.

Lullus hat ein reiches Schrifttum hinterlassen. Sein Hauptwerk ist die *Große und letzte Kunst (Ars magna et ultima)*, eine Art Enzyklopädie mit einem allerdings mystischen Ende. Er behauptete, sie wie unter Zwang, in Trance, nach einer göttlichen Eingebung geschrieben zu haben. Ob das wahr ist? Wer weiß. Fest steht jedenfalls, dass Lullus reizvollstes Werk das *Buch vom Heiden und den drei Weisen* ist, in dem die Hauptperson, der Heide, von Zweifeln gequält, auf ein schönes Mädchen trifft, das ihm drei Weise vorstellt und ihm fünf Bäume zeigt. Das Mädchen, das die Intelligenz symbolisiert, befragt nun die Weisen, also die drei monotheistischen Religionen, und stellt mit Hilfe der Bäume Vergleiche zwischen den Bekenntnissen an, die alle, wen wundert's, zugunsten des Christentums ausgehen. Zum Schluss werden sowohl die Gemeinsamkeiten als auch die großen Unterschiede sichtbar, die da wären, die Heilige Dreifaltigkeit, das Jüngste Gericht und das Leben Jesu. Obwohl er nun alles getan hat, um die Vorzüge des Christentums herauszustellen, lässt Lullus seine Hauptperson am Ende nicht verkünden, welcher Glaube ihn am meisten überzeugt hat. Fast könnte man meinen, er wolle doch insgeheim zu verstehen geben, dass sich die drei großen Religionen mit ihrem Glauben an einen allmächtigen Gott gegenseitig ergänzen. Das Werk war im Mittelalter ein beachtlicher Erfolg und wurde in verschiedene Sprachen übersetzt.

Lullus verfasste auch einen autobiographischen Roman mit dem Titel *Blanquerna*. Darin erzählt er die Geschichte eines fahrenden Ritters, der sein abenteuerliches Ritterleben aufgibt, um sich, nach einer Zeit der Besinnung als Eremit mit dazugehöriger Gottesvision, fortan der Bekehrung Ungläubiger zu widmen.

Eigentümlicherweise zeigt Raimundus Lullus, neben den

zahlreichen anderen Themen, die ihn beschäftigten (in den Bereichen Logik, Astronomie, Medizin, Mathematik, Geometrie und Pädagogik) ein besonderes Interesse für Bäume. In einer Abhandlung mit dem Titel *Der Baum der Wissenschaft* erzählt er von seiner Begegnung mit einem Mönch, der ihm Zentimeter für Zentimeter den Aufbau eines Baums erklärt sowie die Besonderheiten von Wurzeln, Stämmen, Ästen, Blättern und Früchten, wobei er stets jeden Teil des Baums mit der menschlichen Seele vergleicht.

Es folgen weitere zweihundertfünfzig Werke, darunter: das *Buch der Kontemplation*, das *Buch der Herrlichkeit*, das *Buch der Schöpfung*, das *Buch des Liebenden und des Geliebten* (wobei der Liebende ein Christ und der Geliebte Jesus ist), das *Buch der Ritterlichkeit*, das *Buch der Wunder*, das *Buch des auf- und absteigenden Geistes* und schließlich das *Buch der Verzagtheit.*

XXIX

Agenore Cupio

Wenn es ein Etikett gibt, das mich richtig verfolgt, so ist es dieses: «Neapolitanischer Philosoph». Immer wieder erlebe ich, wie es mir angeheftet wird, insbesondere in Talkrunden und meist mit den einleitenden Worten: «Ihr Neapolitaner seid doch irgendwie alle kleine Philosophen.» Üblicherweise antworte ich kopfschüttelnd, da sei überhaupt nichts dran, nicht zuletzt weil Neapel (inklusive Giambattista Vico und Bendedetto Croce) weit weniger Philosophen hervorgebracht haben als andere Städte in Norditalien. Wenn wir dann noch an das grauenhafte Lied

Basta che ce sta 'o sole,
che e rimasto 'o mare,
'na nenna a core a core
e 'na canzone pe' cantà,
chi ha avuto, ha avuto, ha avuto,
chi ha dato, ha dato, ha dato,
scurdammece 'o passato,
simme 'e Napule paisà[1]

denken oder an den nicht weniger grauenhaften Schriftzug *San Gennà fottatenne*[2], der unter die Statue des Heiligen ge-

[1] «Es reicht, dass die Sonne scheint,/dass das Meer noch da ist, / eine Weise von Herz zu Herz / und ein Lied zum Singen, / wer hatte, der hatte, der hatte / wer gab, der gab, der gab / was war, lass uns vergessen, denn wir sind doch aus Napoli.» (Anm. d. Übers.)

[2] Sinngemäß «San Gennaro, scheiß drauf!» (Anm. d. Übers.)

schmiert wurde, als man wieder mal sein Wunder der Verflüssigung des Blutes öffentlich in Zweifel zog, bekommen wir einen guten Eindruck davon, wie oberflächlich die Vorstellungen von Philosophie häufig sind.

Dennoch sei an dieser Stelle die Frage erlaubt: «Hat es im Mittelalter neapolitanische Philosophen gegeben?» Ja, die gab es, und auch wenn sie vielleicht nicht so berühmt wurden wie der in Tagaste geborene heilige Augustinus oder der bei Cassino zur Welt gekommene Thomas von Aquin, sind sie doch einer Erwähnung wert. Einer von ihnen zum Beispiel, der zu Ende des 12. Jahrhunderts lebte, gründete eine Gruppe fahrender Gelehrter, die Thantopheren (von griech. *thánatos* – «Tod») genannt wurden, weil sie darauf fixiert waren, ständig an die Unausweichlichkeit des Todes zu gemahnen. Sein Name war Agenore Cupio. Er galt als Mensch, der Unglück brachte, und wurde folgerichtig von allen Bewohnern des Viertels Pignasecca gemieden.

Und so ging Agenore auf die Menschen zu:

«Was ist dir denn passiert?», fragte er zum Beispiel einen Freund, den er humpeln sah.

«Ich bin von der Leiter gefallen», antwortete der, «und habe mir das Bein gebrochen.»

«Na, dann herzlichen Glückwünsch!», rief Agenore begeistert aus und schüttelte ihm die Hand. «Stell dir doch vor, du hättest ja auch sterben können. Dann wäre deine Frau jetzt eine verzweifelte Witwe und deine Kinder arme, hungernde Waisen. Stattdessen stehst du, Gott sei Dank, bei bester Gesundheit hier vor mir. Zugegeben, du humpelst ein wenig, aber das legt sich schon wieder.»

Kurzum, er empfahl seinen Mitmenschen, um es mit einem Ausdruck zu sagen, den ich eigentlich nicht ausstehen kann, die Wechselfälle des Lebens mit «philosophischem Gleichmut» zu nehmen, um dann womöglich noch hinzuzufügen: «Lies in Platons *Phaidon* die Stelle, wo Sokrates zu Simmias sagt: ‹Lächerlich wäre es, würde ich, nachdem ich ein Leben lang an die Wiedergeburt der Seele glaubte, nun darüber klagen, dass meine Zeit gekommen ist. Es ist ja die Aufgabe der Philosophie, auf den Tod vorzubereiten.›»

Daraufhin wichen alle vor ihm zurück, bekreuzigten sich und berührten ihre intimsten Körperstellen.

Als ihn ein anderes Mal ein Bekannter fragte, was mehr zu fürchten sei, ein langsames, leidvolles Ende oder ein unerwarteter Tod, antwortete er: «Der Schmerz ist immer gleich groß, aber er teilt sich auf zwischen dem, der geht, und jenen, die zurückbleiben. Je mehr der Sterbende leidet, desto weniger leiden die Zurückbleibenden, und manchmal wünschen sie sich sogar, das Leiden des Sterbenden möge ein Ende haben. Das Gegenteil ist der Fall bei einem unerwarteten Tod, denn dann liegt der Schmerz allein bei den Hinterbliebenen.»

Agenore Cupio schrieb ein Büchlein mit dem Titel *Glücklichsein in der Not*. Es ist heute verschollen, soll aber damals ein Bestseller unter Kranken gewesen sein.

XXX

Johannes Duns Scotus

Gegen Ende des Mittelalters macht die Wissenschaft gegenüber der Religion immer mehr an Boden gut. Zählte sie im frühen Mittelalter noch nicht einmal zu den Fächern der Scholastik, so pochte sie im 13. Jahrhundert schon laut an die Pforten der Erkenntnis und wurde zu einer Art «vertrauten Mitarbeiterin», mit der man sich ruhig beschäftigen konnte, unter der Voraussetzung jedoch, dass man sie nicht dazu missbrauchte, die Existenz Gottes in Zweifel zu ziehen. Schon Thomas von Aquin hatte mit seiner Aristoteles-Exegese einen Anfang gemacht, doch es ist dann Johannes Duns Scotus, bei dem sich die ersten Erfolge zeigen. Aber Vorsicht, dass wir uns nicht zu viele Illusionen machen: Es handelt sich immer noch um erste schüchterne Schritte. Ich will es an einem Beispiel verdeutlichen. Wenn Duns Scotus sagt: «Die Wahrheit kann mit dem menschlichen Verstand erfasst werden. Aber nur in einem gewissen Rahmen. Darüber hinaus ist göttliche Erleuchtung unverzichtbar», preist er zwar die Wissenschaft, räumt aber gleichzeitig ihre Grenzen gegenüber der Allmacht Gottes ein. Der Verdacht liegt nahe, dass er diese Einschränkung nicht deshalb vornimmt, weil er von ihr überzeugt ist, sondern um die Kirchenoberen nicht gegen sich aufzubringen. Doch versetzen wir uns einmal in seine Lage: Es war immer noch die Kirche, die zu seiner Zeit das Sagen hatte. Sein Gehalt, und mit ihm sein Überleben, lag in ihrer Hand. Und um nicht wie Roger Bacon zu enden, der vierzehn Jahre im Kerker schmachten musste, war das eine oder andere Zugeständnis schon notwendig. Hierin liegt auch der Grund, warum alle, aber wirklich alle Philosophen, wenn es ans Eingemachte ging, plötzlich entweder mit der «Gnade» kamen oder mit dem «handelnden Intellekt» oder mit einem «Licht über uns». Worauf es ankam, war, neben der Existenz Gottes auch die eigene zu sichern.

Zu Beginn des 14. Jahrhunderts jedoch änderte sich etwas im Verhältnis Staat – Kirche und zwang alle, die ein öffentliches Amt wahrnahmen, dazu, eindeutig Stellung zu beziehen. Entweder stand man auf der Seite des französischen Königs Philipp des Schönen oder auf der des Papstes Bonifaz VIII. Ihren Höhepunkt erreichte die Auseinandersetzung mit dem «Attentat von Anagni», als Sciarra Colonna, mit Unterstützung des französischen Kanzlers, Papst Bonifaz eine Ohrfeige verpasste. Wir schreiben das Jahr 1303. Wenige Jahre später verlegte der neue Papst Klemens V., ein Franzose, seinen Sitz von Rom nach Avignon, und auch unser Scotus musste wählen, auf wessen Seite er stehen wollte. Auf einem Konzil verlangte man von ihm, das Tun Bonifaz' VIII. zu verurteilen, was er, zusammen mit anderen Lehrkräften der Pariser Universität, verständlicherweise verweigerte oder, genauer gesagt, erklärte: «Ich übe den Beruf eines Philosophieprofessors aus und beschäftige mich nur mit Metaphysik, Logik, Ontologie… mit Dingen also, die mit Politik nichts zu tun haben.» Das hätte er besser nicht gesagt: Innerhalb einer Woche verbot man ihm die Lehrtätigkeit an allen Universitäten Frankreichs.

Johannes Duns Scotus, auch Doctor Subtilis genannt, kam im Jahr 1266 im schottischen Mauxton zur Welt. Wie sein berühmter Kollege Roger Bacon wurde auch er Franziskaner, und zwar im Jahr 1281, studierte in Oxford und Paris, lehrte auch an beiden Universitäten und starb erst vierzigjährig oder nur wenig älter im Jahr 1308 in Köln. An Werken schreibt man ihm zu: Das *Werk von Oxford*, das *Werk von Paris*, die *Abhandlung über das Erste Prinzip*, die *Metaphysik*, die *Logik*, die *Freie Deutung* und die *Abhandlung über die Seele*. Wer weiß, ob er sie wirklich alle geschrieben hat.

Duns Scotus glaubt an die Wissenschaft, auch wenn er sie in zwei unterschiedliche, voneinander getrennte Fächer aufteilt, genauer in die *beweisbaren* und die *wahrscheinlichen*, womit er die Philosophie von der Theologie scheidet. Mit anderen Worten: Während die Philosophie den Zweifel vermittelt, ist es Aufgabe der Theologie, dem Menschen das Leben zu erleichtern. Wie um zu sagen: «Selig jene, die glauben, denn sie werden glücklicher sein im letzten Teil ihres Lebens, eben dann, wenn der Mensch nachzudenken beginnt.» So ist für Duns Scotus die Theologie also nicht nur eine theoretische Disziplin, sondern auch eine praktische Wissenschaft. Wer's nicht glaubt, muss es selbst ausprobieren.

Besteht, sagt Duns Scotus, die erste Aufgabe des Gesichtssinns darin, zwischen schwarz und weiß zu unterscheiden, so ist es die erste Aufgabe des Verstandes zwischen dem, was ist, und dem, was nicht ist, zu unterscheiden, also zwischen dem Sein und dem Nichtsein. Jedoch liege dem Sein nicht (wie noch Thomas von Aquin lehrte) eine bloße Ähnlichkeit zwischen Gott und der Welt zugrunde, sondern eine absolute Übereinstimmung. Wenn wir nun schon Gott mit der Welt in Beziehung setzen, so meine ich, ist die einzige mögliche Aussage, dass Ersterer Letztere geschaffen hat, und bis dahin sind wir wohl auch alle einverstanden. Gleichzeitig weist Duns Scotus aber auch die These Platons zurück, nach der die individuellen Erscheinungen nichts anderes seien als eine Projektion der (letztendlich in Gott ruhenden) Universalien.

In seiner *Abhandlung über das Erste Prinzip* versucht sich der Philosoph auch an einer Minidemonstration der Existenz Gottes. Schauen wir uns einmal an, wie er das macht.

Duns Scotus geht von einer Hierarchie zwischen allen möglichen Wesen aus und daraus folgend der Existenz eines Höchsten, das allerdings nicht sichtbar ist. Vergleichbar mit der einer Pyramidenspitze, die man, am Fuß stehend, zwar nicht sehen, deren Existenz man aber folgern kann. So sei die Glückseligkeit für den Menschen letztendlich auch nur durch Offenbarung des Höchsten, also den Glauben, zu erlangen.

Nach Duns Scotus besitzt der Mensch die Freiheit, sich für das Gute oder das Böse zu entscheiden. Gott könne nicht mehr tun, als ihm den rechten Weg zu weisen. «Seine Sache, wenn er den falschen Weg einschlägt», sagt er, und das Gleiche meinte auch Padre Atanasio, zu meiner Kindheit Pfarrer in der Gemeinde Santa Lucia, und bekreuzigte sich.

XXXI

Marsilius von Padua

Die mittelalterliche Politik haben wir bislang eigentlich nur gestreift, könnte man meinen. Falsch! Denn im Grunde ging es die ganze Zeit schon um eine höchst politische Auseinandersetzung, nämlich zwischen jenen, die sich der geistigen Führung der Kirche anvertrauten, auf der einen, und jenen, die sich von der Vernunft leiten ließen (und damit für eine naturwissenschaftliche Erkenntnis offen und der weltlichen Macht, dem Kaiser etwa, gegenüber loyal waren) auf der anderen Seite. Marsilio Mainardi, so sein eigentlicher Name, gehörte zur Schar Letzterer. Für ihn war das Gesetz eine Praxis, deren Geltung schon im Diesseits durchgesetzt und nicht auf ein mögliches künftiges Leben verschoben werden sollte. Fest steht, dass sich Marsilius durch seinen Glauben an die irdische Gerechtigkeit rasch viele Leute zu Feinden machte, speziell all jene, die als Delegierte «unseres Herrn» für gutes oder schlechtes Wetter sorgten, also die Priester und ihr ganzes Gefolge.

Marsilius kam im Jahr 1275 in Padua zur Welt und war seit Jugendzeiten bereits ein eingefleischter Averroes-Fan. Als Averroist glaubte er nicht an die Unsterblichkeit der Seele und folglich auch nicht, vielleicht zum Leidwesen seines Zeitgenossen Dante Alighieri, an das Paradies, das Fegefeuer und die Hölle. Für Marsilius war dessen *Göttliche Komödie* lediglich ein Epos. Ja, er hielt Dante wohl politisch für einen Opportunisten, und das nicht zu Unrecht, da der «göttliche Poet», obwohl von Haus aus zu den päpstlich gesinnten Guelfen zählend, stets versucht hat, es sich mit keiner Seite zu verscherzen. Und zur Hölle schickte er auch nur Menschen, die bereits tot und begraben waren.

Je mehr ich über Marsilius lese, desto eher neige ich dazu zu glauben, dass er der Erfinder der Maxime «Vor dem Gesetz sind alle gleich» war. So erklärt er in seinem berühmten Werk *Defensor pacis (Der Verteidiger des Friedens)* ohne Umschweife: «Die Tatsache, ob ein Mensch Priester, Bauer oder Maurer ist, sollte für den, der über ihn urteilt, keinerlei Bedeutung haben, genauso wenig wie es für einen Arzt von Bedeutung sein sollte, welchen Beruf sein Patient ausübt.» Der Anspruch der Obrigkeit, die Rechtsprechung danach auszurichten, ob ein Angeklagter Geistlicher ist oder nicht, bedeutet für ihn einen klaren Missbrauch. Mit noch einfacheren Worten ausgedrückt, sagt Marsilius sinngemäß: «Die weltlichen Pflichten eines jeden von uns gegenüber dem Staat sind eine Sache, eine andere aber unsere geistlichen Pflichten jenem gegenüber, der uns in die Welt gesetzt hat. Erstere haben mit dem Gesetz zu tun, Letztere mit der Seele. Und man sollte nicht den Fehler begehen, die einen mit den anderen zu verwechseln.»

Mit solchen Ansichten schuf sich Marsilius, wie bereits erwähnt, viele Feinde und wurde, wie damals üblich, aus der Gemeinschaft der Kirche verbannt. Um dem Kerker zu entgehen, floh er heimlich mit anderen Exkommunizierten aus Avignon und suchte Zuflucht bei seinem Freund Ludwig dem Bayern, der sich damals anschickte, Kaiser zu werden. Wenig später exkommunizierte der Papst auch den deutschen Herrscher, der seinerseits nun eigens ein Bischofskonzil einberufen ließ, um den Papst der Häresie anzuklagen. So turbulent waren damals die Zeiten.

Im Jahr 1312 wurde Marsilius Rektor der Pariser Universität und amtierte dort bis zu seinem Kirchenbann. Seiner

Überzeugung nach sollte das Volk die Herrschaft ausüben oder, genauer gesagt, jener Teil des Volkes, von ihm *pars valentior* genannt, der dem einfachen Volk an Weisheit überlegen ist. Lebte er noch, würde er uns wahrscheinlich raten, nur solche Abgeordnete zu wählen, die weiterführende Schulen besucht haben. «Da es heutzutage durch das Fernsehen möglich ist», würde er sagen, «die Seelen der Unwissendsten hörig zu machen, kommt es darauf an, die am wenigsten Hörigen, also die Gebildetsten und Aufgeklärtesten, zu wählen.»

XXXII

Wilhelm von Ockham

Als Student habe ich viel Leichtathletik betrieben. Die größten Erfolge hatte ich in der Vier-mal-vierhundert-Meter-Staffel. Für alle Sportmuffel sei erläutert, dass es sich bei dieser Staffel um einen Mannschaftswettbewerb handelt, bei dem der Läufer, wenn er eine Runde auf der Bahn zurückgelegt hat, einen Stab, Staffelholz genannt, an einen Mannschaftskameraden weitergibt, bis schließlich der vierte Läufer nach seiner Runde durchs Ziel geht. Genau dies geschah – unter anderen Vorzeichen – zwischen Johannes Duns Scotus und Wilhelm von Ockham. Ersterer reichte das Staffelholz an Letzteren weiter, damit dieser den begonnenen Diskurs fortsetzen konnte. Doch während Duns Scotus in der Philosophie wegen ihrer Distanz zur Realität eine eng begrenzte, «arme» Wissenschaft sah, war sie für Wilhelm von Ockham ein «überreiches» Feld, vorausgesetzt, man hielt sich nicht zu lange mit theologischen Fragen auf. Mit anderen Worten, Wilhelm galten Philosophie und Theologie nicht nur als unterschiedliche, sondern auch noch durch einen unüberbrückbaren Graben getrennte Wege, sich mit dem Leben auseinander zu setzen.

Der Franziskaner Wilhelm von Ockham wandte sich eines Tages mit folgender Botschaft an Papst Johannes XXII.: «Betrachtet Euch das Leben des heiligen Franziskus, und Ihr werdet erkennen, was es bedeutet, als wahrer Christ zu leben. Anders als Ihr, schamloser Papst, der Ihr in Euren Prunkgemächern tagtäglich umgeben von Samt und Edelsteinen lustwandelt.» Aufgrund dieser unerhörten Kritik im Jahr 1324 nach Avignon zitiert, verbrachte Wilhelm von Ockham zunächst vier Jahre in Klausur in einem Kloster, um dann gerade noch rechtzeitig am Tag vor der Eröffnung seiner Verhandlung aus der Stadt zu fliehen. Bei ihm waren Michele da Cesena, der General des Ordens, und zwei weitere Brüder, über denen gleichfalls das Damoklesschwert des Kirchenbanns schwebte. Gemeinsam flohen sie an den Hof Ludwigs des Bayern, wo Wilhelm sich mit den Worten vorgestellt haben könnte: «Verteidigt Ihr mich mit dem Schwert, verteidige ich Euch mit der Feder.» In der Zwischenzeit hatte der Papst jedoch eine sechsköpfige Kommission hoher geistlicher Würdenträger zusammengestellt, die im Nu eine Anklageschrift gegen die vier Geflohenen mit dem Hauptvorwurf der Verunglimpfung der Kirche in einundfünfzig Punkten verfassten.

In der damaligen Zeit war mit solch einer Anklage nicht zu spaßen. Viel schlimmer konnte es einen nicht treffen. Bestenfalls kam man mit Lebenslänglich davon, andernfalls wurde man bei lebendigem Leib öffentlich auf dem Scheiterhaufen verbrannt. In diesen Dingen kenne ich mich ein wenig aus, war ich doch selbst einmal, vor ungefähr zehn Jahren, mit dem Vorwurf «Verunglimpfung der Religion» konfrontiert, und zwar zusammen mit Renzo Arbore und Roberto Benigni, und das nur, weil ich das Drehbuch zu *Pap'occhio* geschrieben hatte, einem Film, der bald schon auf den Index gesetzt wurde und aus den Kinosälen des Reiches, pardon, der Republik verschwand. Wir jedoch waren todesmutig genug, nicht zu fliehen, und wurden dennoch nicht öffentlich verbrannt.

Wilhelm von Ockham, auch *Doctor invincibilis* genannt, kam 1290 im englischen Surrey zur Welt. Er war ein Mensch, der nicht viel Federlesens machte und schnell dazu bereit war, alles, was ihm unnötig oder überflüssig erschien, einfach «fortzuschneiden», eine wissenschaftliche Methode, die später als «Ockhamsches Rasiermesser» bekannt wurde. Fast alles, was die Scholastik bis dahin hervorgebracht hatte, wanderte in den Orkus, so die «Eindeutigkeit des Seins», die metaphysische Bestimmung des «letzten Ziels», die metaphysische Definition der Substanz, die Kategorien des Aristoteles und nicht zuletzt die Universalien. Für ihn waren die Universalien nur «Worte, nichts als Worte». Und ebenso hielt er auch die höchsten Kirchenkreise für entbehrlich, nicht nur die Bischöfe und Kardinäle, sondern auch den Papst. Die Einzigen, die wirklich zählten, waren für ihn Gott und die Menschen, mehr nicht. Bevor wir ihn aber an dieser Stelle als Totalverweigerer abhandeln, wollen wir ihn etwas Präzises fragen.

Frage: «Existiert Gott?»

Antwort: «Ja, er existiert, aber nicht so, wie es Thomas von Aquin und Anselm von Canterbury zu beweisen versuchten. Um an Gott zu glauben, reicht es, Aristoteles und Averroes zu lesen. Gott existiert, weil das Unendliche bereits ein vorstellbarer Begriff ist, der absolut nicht bewiesen werden muss.»

Leider gab es aber zu jener Zeit zwei gegensätzliche Auffassungen vom Christentum: Für den Papst war es ein Machtinstrument, für die Franziskaner, und besonders für Wilhelm, die Aufgabe, die Botschaft Christi zu leben und zu verbreiten.

Die Scholastik hatte zu Beginn nichts unversucht gelassen, um Wissenschaft und Religion zusammenzubringen. Doch im Lauf der Jahre beziehungsweise Jahrhunderte hatten sich die beiden Disziplinen immer weiter voneinander entfernt, bis sie völlig verschiedene, voneinander getrennte Gebiete waren. Dies nicht zuletzt durch das Wirken Wilhelms von Ockham, der sich zu Recht mit der Auszeichnung letzter Philosoph des Mittelalters und erster Philosoph der Neuzeit schmücken kann.

Seine Methode war die eines radikalen Empirismus, nach der all das, was über die konkrete sinnliche Erfahrung hinausging, zwar auch Gegenstand des Interesses sein konnte, aber doch nicht mit verbundenen Augen geglaubt werden sollte. Was das Jenseits angeht, sagt Wilhelm, können wir allenfalls darauf hoffen, dass es existiert, mehr aber nicht. Daraus erwachsen nun zwei Erkenntnismöglichkeiten: die *sinnliche* und die *abstrakte*. Erstere teilt sich noch einmal auf in die *vollkommene* und die *unvollkommene*. Vollkommen ist eine Erkenntnis dann, wenn sie sich durch die Erfahrung beweisen lässt. Unvollkommen hingegen, wenn sie auf der hypothetischen Ebene verbleibt. Die abstrakte Erkenntnis, die er Künstlern und Dichtern zuordnet, abstrahiere von der Realität und sei eine Fähigkeit, die bloß wenige Menschen besitzen.

Von einem Regime wie dem der Kirche, das seine Macht auf blindem, unhinterfragtem Glauben aufbaute, konnten solche Theorien verständlicherweise nicht geduldet werden. Daher die Anklage der Verunglimpfung der Religion und daraus folgend der Kirchenbann.

Ich wünsche Wilhelm von Ockham und uns allen, dass er heute im Himmel durch direkte Ortskenntnis all das bestätigt findet, worauf er im Leben nur hoffen konnte.

Anmerkung des Übersetzers

Bei den Textauszügen im gesamten Buch handelt es sich durchweg um keine wörtlichen Zitate, das heißt, sie wurden vom Autor in seinem Sinne bearbeitet.

Namenverzeichnis